# 存在し、存在しない、それが答えだ

ダグラス・E・ハーディング

高木悠鼓 訳

# TO BE AND NOT TO BE

## That is the Answer

D. E. HARDING

ナチュラルスピリット

TO BE AND NOT TO BE, THAT IS THE ANSWER
by D. E. HARDING

存在し、存在しない、それが答えだ

# 目次

# 必ず読むべき前書き

本書のほとんどの章は、雑誌の記事として書かれ、それ自身で完結している。したがって、あなたはどんな順序でも好きな順番で読むことができる。しかし本書が、もしあなたが読む最初の私の本で、またあなたが今までに一度も私のワークショップに参加したことがなければ、最初から順番に読むことをお勧めしたい。

本書は、全体としては三つの重要な部分から構成されている。重要でない順番に言うと、言葉による事例、それからイラスト、そして練習というか実験である。最初に読むことがあり、二番目にあなたが読んだことについて形と秩序を与える作業があり、三番目におこなうこと、つまり過大評価され、ぼんやりとした概念を実用的な認識に積極的に変えることがある（練習をせずにただそれらについて読むことは、要点を逃すことであり、本書をかえってややこしいものにするだけだろう）。

実験には四つの基本的なものがあり、付随的実験は増え続けている（今日までに、およそ二十くらいある)。それらはすべて同じ目的に役立つものである。つまり、私たちが決して本当には去ったことがない王宮へと、私たちを連れて行くという目的である。その王宮では、私たちが存在しないゆえに私たちは存在し、私たちが何であれ、何でもないものであるゆえにすべてであることを実際に**見る**のである。

それぞれの章はそれ自体で完結していて、要点を明らかにするために必要な実験とイラストが何であれ採用されている。そのため、他の章にいっても、あなたはすでにおこなった実験を繰り返すように要求されることに気づくだろう。これはまったく利益にかなっている。実験はまた、繰り返すための練習でもあるからだ。それらを何度、そしてどれほど多くの状況でやっても、やりすぎということはない。事実、実験は意図的に日常生活に組み込み、もはや準備されたものではなく、状況が命じるままに努力も装置もなく、自然にできるようになるためのものである。たとえば、トンネル実験(「紙袋の実験」とも呼ばれている)は、私が顔を見るたびに、それ自体がおこなうようになるまでするべきである(この実験は他の驚くべき啓示の中でもとりわけ、人生で私は誰とも顔と顔をつき合わせたことがないことを示してくれる)。

実験を繰り返すもう一つの理由は、私たちはそれらを繰り返してはいないからである! 毎回が初回である! 実験を**おこなうこと**には慣れるべきであるが、しかし実験そのものは慣れるべきものでは決してない。例を挙げよう。過去三十五年間、世界中でおこなったワークショップで、私はトンネル実験を二千回以上、その十倍の数の人たちといっしょにやった。前回（五日ほど前であるが）、私は今まで以上にそれが驚くべきものであり、啓示に満ちていることに気づいた。私たちの実験は、実験の主題であり主体、そして今ここにしかない存在―非存在の時間を超越した性質を帯びていると言うこともできるだろう。

ということで、私ダグラスと、妻であり同僚であるキャサリンは、友人たちが「神の実験室」と呼んでいるものへ、あなたを心から歓迎したい。

この非常に必要とされている神の実験ワークで私を助け、教え、励ましてくれた多くの友人たちの名前を一人ひとり挙げること、まして適切に感謝の意を表すことなど、私にはとうていできそうにない。そこで本書はキャサリンに捧げ、特別に謝意を表したい。

# 第1章　存在し、そして存在しない

私はハムレット（シェークスピア〈イングランドの劇作家、詩人。一五六四〜一六一六〉の悲劇『ハムレット』の主人公）が、あの有名な独白、To be, or not to be, that is the question（一般的には「生きるべきか、死ぬべきか、それが問題だ」と訳されている）で、正確に何を言わんとしていたのか（あるいは、シェークスピアはハムレットに何を言わせたかったのか）を言うのは気が進まない。そのことはシェークスピアを研究する学者たちがあなたに教えてくれることだろう。ただこの言葉が私にとってどういう意味があるのか、次に述べてみたい。

私には時々、二つの悪から一つを選択しなければいけないという苦痛なときがある。片手には生がある——甘酸っぱく、心地よく、そして苦痛に満ち、快適なこともあるけれどたいていは大変で、ときにはきわめて困難な生。もう一つの手には、死がある——完全消滅と永遠の忘却という犠牲の上に、苦痛からの解放として提供される死があり、それは恐ろしい先行きである。次のように

存在する　　あるいは　　存在しない

も表現してみよう。存在することは嫌《いや》なことである一方、存在することをやめることも違った意味において、少なくとも同じくらい嫌なことである。だから、これが私の直面しているジレンマである。私は今のまま生き続けたらいいのか、それとも自分を麻薬に溺《おぼ》れさせるか（現在では、たくさんの承認された麻薬と承認されていない麻薬があるが、人はどちらでも選ぶことができる）、あるいはさっさと自殺するかして、人生から抜け出してしまえばいいのだろうか？　手短に言えば、存在するべきか、存在するべきでないのか（To be, or not to be）、これが私の人生を引き裂いている問題であり、およそあらゆる問題の中で、これこそ答えが要求される問題である。

　簡単に私の答えを要約してみよう。私が生きている人生は、二つの対照的な要素から構成されている。(1)**向こうに**、あらゆる種類の常に変わりゆくものがある——小枝、石、誰かの骨、腕、胴体と足、人々、動物、植物、惑星、星々、銀河、そして正反対を伴う善、真実、美と、あらゆる種類の感覚、感情、思考など。(2)**ここに**、これらすべてを受け入れている不変の何でもないものがあり、その領域では物事のために道をあけ、自らはそれらのために消えている、この意識的な空《くう》の中で物事が為される。ここでは私は、物事がその中

存在する　　そして　　存在しない

で存在し、そこに提出されるための不在である。そして、私を構成しているこれら二つの要素は、完全に対照的であるゆえに、お互いに非常にぴったりと合い、継ぎ目なく融合している。

存在と非存在は純金でできた一つのコインの表裏である。ハムレットのように、私たちは真中で引き裂かれているので、私たちの人生の通貨の価値は引き下げられ、私たちはみじめなほど貧しい。しかし、ついにコインの二つの面をいっしょにするとき、私たちはもはや「存在するか、**あるいは**、存在しないか」ではなく、「存在し、**そして**、存在しない」という状況となり、比較できないほど自分が豊かで、私たちの全人生が変革されたことに気づくのである。

では、この新しい人生は、実際どううまくいくのだろうか？

私の経験では、それがどんな種類であれ二方向の、存在する－存在しないという事柄である。私が「自分の注意」と呼んでいるものは、存在する**対象**を指し示すと同時に、存在しない**主体**をも指し示すという二重の矢という形態をとる。たとえば従来の顔対顔という場面は、次の図ように置き換えられる。

今までのように無意識的ではなく、意識的にこのように生きることで、物事は非常に違ってくる。この二方向のヴィジョンを人生のあらゆる変わりゆ

顔　対　顔がない

く環境の中で実践することは、実に役立つことである。たとえば私とあなたが、もはやお互いに顔対顔となっていないと見れば、お互いに対決と対立を止めることになる。このヴィジョンを安定させ、習慣的なものにするためには、多くの練習が必要なことは否めない。しかし、私は保証するが、どんな練習も無駄《むだ》ではなく、そしてもしあなたがかつての私のように病的な自意識に苦しんでいるとしたら、それを取り除くのにそんなに時間はかからないだろうと思う。これが非常に様々な点でそんなにもうまくいく理由は簡単である。つまり、それはあなたの本質、私たちの本質に戻るからである。こういうふうに私たちは作られているのである。ここでは形は虚空であり、私たちの本質は本質の不在であり、私は私でないものであり、存在することは存在しないことであり、自分の生を失うものはそれを救うことになり、一なるものは無となる。あらゆる存在、そして特に存在それ自身は、他の存在に置き換わるために、自分自身の存在を維持できるのだ。世界の背後にあるパワーと栄光は愛である――そしてテニスの試合のように、愛はゼロである（訳注：テニスの試合では、無得点をloveという）。

以下の章で、私たちは様々な出発地点から、この無限に創造的で明確に目

に見える（が、激しく逆説的で神秘的なものでもある）存在と非存在の融合を探求する予定である。あなたが望みうるすべてのことが、その融合の実現と喜びの中に包みこまれていることを示すのに、これからの章が役立つことを私は希望している。

その合間に、偉大な詩人であり見者である十字架の聖ヨハネ（スペインのカトリック神秘家、詩人、聖人。一五四二〜一五九一）からの励ましを紹介してみよう。「すべてをもつためには、私は何ももってはいけない。すべてを知るためには、私は何も知ってはいけない。すべてのものであるためには、私は何ものであってもいけない」。同じく偉大な詩人であり見者であるウィリアム・ブレイク（イギリスの詩人、画家、銅版画家。一七五七〜一八二七）からの警告も合わせて紹介しよう。「最後の審判がやって来て、私が消滅していないのを発見しませんように。そして私が自分自身の自我の手に捕まえられ、その中に投げ入れられませんように」

# 第2章　見つかった宝

もし私が大真面目で、あなたの家の中に値段もつけられないような貴重な六面体ダイヤモンドが隠されていて、それがどこにあり、その各々の面がどれだけ美しいかを教えて上げるとしたら、あなたはどうするだろうか？　あなたはあくびをして、できるだけ早く話題を変えるだろうか？　いやいや、そんなことはしないはずだ。また、私の言うことを信じておきながら、それについて何もしないだろうか？　いやいや、そんなはずはない。あるいは、私の言うことを信じないで、それをほったらかしにするだろうか？　いやいや、そんなこともないはずである！　また、私の言うことにあまりに不快と怖れを感じて、今後その場所を避けるだろうか？　絶対的に違うはずだ。反対に私の言うことが真実かどうかを見るために、大急ぎでそこへ走って行くことだろう。

そして今、私はその「もし」をひっこめることにする。私があなたに言っていることは絶対の真理である。この最も貴重な宝は絶対的に現実のものであり、絶対的にあなたのものなのだ。ここ、あなたの中心、ホームベース、呼吸よりも近い場所、あなたがどこから見ているのかというその場所で、この貴重な宝は輝いている。私の言うことを信じたり、あるいは疑ったりしないでいただきたい。ただ、あなたが見ているものの自分側に何があるのかを注意深く見て、それを取り込んでいただくことをお願いしたい。私は自信をもって、これこそまさにその宝石に他ならず、それを所有すれば、あなたは自分の心が望みうるすべてをもっていることを保証する。

この段階では、おそらくそれはあまりに話がうますぎてにわかには信じられないかもしれないし、自分がそこから見ているそのそこは、宝石とはまったく似ても似つかないものだと言うかもしれない。私たちの問題は、自分が眺めている**もの**を見ることは非常に得意であるのに（たとえば、避けるべき通りの人々や車など）、反対方向を見るのは非常に不得意であり、自分が**何から**眺めているかを見ることは、まったくもって不得意である。さらに悪いことには、私たちはここで極度の幻覚に陥っていて、この美しく驚くべき恩寵の事実の上に、退屈で醜く絶望的なほどみじめな作り話を押しつけている。これからの章での私たちの仕事は、この悲劇的間違いを正し、あらゆる疑いを越えて、その事実が（穏やかな表現を使えば）好ましいものかどうか、その事実を覆い隠している作り話と同じくらい好ましいものかどうかを発見することである。実際、作り話は好ましくないのに対して、事実は好ましく、輝かしく展示されている。

私たちの実験の助けがあれば、あなたがこの六面体ダイヤモンドを**所有**しているのではなく、実は自分が**それそのもの**であり、それがあなたの本質であることを発見するだろうということに私は自信をもっている。ここに輝かしく展示されているものに見入って、それを試すことで、あなたは何を失い、何を得るのだろうか？　そして、今明確に自分の本質として見ている輝くべき不思議とは正反対の赤貧のふりをすることから、自分の問題の何と多くが起こるのかを発見し続けることで、あなたは何を失い、何を得るのだろうか？

ここで、牧師で小説家であるジョージ・マクドナルド（スコットランドの小説家、詩人、聖職者。一八二四〜一九〇五）の言葉を紹介しよう。「ついに、私たちの存在の栄光は頭上に輝き、自ら送り出したものを啓発する太陽を私たちは完全に直視して、自分自身が無限の命とともに生きていることを知るのである」。考える間もなく、あなたはたぶん「彼は正しく理解していた」と言うことだろうと、私は確信している。

# 第3章　私はどこにいるのか？

もしあなたが、自分の中心の何でもないものを見逃さなければ、それはあなたを含み、そして救済するあらゆるものへと爆発するだろう。反対にそれを見逃し続ければ、それはあなたを排除し、破壊する何でもないものとして続くことだろう。

この章では、私ダグラス・ハーディングと妻キャサリンのワークショップがどのようなものかを要約して説明しよう。私たちは二人でチームとして働いているが、何をやるかをあらかじめ計画することはない。事実、私たちは決まった手順をもたずに、驚きに心を開いている。

私はワークショップの間にたどり着いた結論と発見したことを、ホワイトボードにできるかぎり図解入りで記録することにしている。私が書いた記録はこの章でもイラストとして掲載している。

私たちはまず、『人生ゲーム入門』（河出書房刊）の著者であるエリック・バーン（カナダ出身の精神科医であり、交流分析を提唱。一九一〇〜一九七〇）からの引用、「私たちは王子や王女として生まれるが、社会の仕事は私たちをカエルにすることである」から始める。さて、私がここでこの引用の後に付け加えたいことは、このワークショップの仕事は私たちを再び王子と王女にするということである。

しかし、最初に私たちは妥協なく現在のカエル人間の状態を正直に見る必要がある。私たちは自分が陥っている絶望的なトラブルのすべての証拠を隠すことで、王子のようになるわけではない。反対に状態をもっと悪化させることになる。さらに私たちは、その病気がいかに深刻で多くのレベルにわたっているかを理解するまでは、病気に本当に効く薬を飲むことはおろか、それに気づくこともないだろう。こういったわけで、私たちはこのワークショップを非常にみじめであることから始める。それは、最後に最も幸福な調べを歌うために私たちが支払うべき小さい犠牲である。自分たちの状況に対する治療薬が最後に提供されることを、私たちは本当にお約束する。

まず最初に、人間であることに伴う不利な条件、物事の構図の中において人間に所属する不利な条件について見てみよう。

ここにトラブルに陥っている人がいる。

私たちは彼を眺めるだけで、どれほど孤立し、どれほど孤独か、まだどれほど他の人間小包とは

区別され、それらからは遠く離れて分離し、堅く梱包された小包に閉じ込められているのかがわかる。私は自分の痛みとともに閉じ込められ、その痛みはフライドポテトや卵についての私の経験、つまり味や舌触りや匂いや色や音の経験と同様に、分かち合うことができない。見知らぬ人たちはお互いに顔と顔を突き合わせ対立し、反目してしばしば犬猿の仲となる――トムはディックに勝ち、ハリーには負けるなど――私たちは終わることのない正面衝突を予想するはずである。

そして、非常に怖れる。もちろん最大の怖れは死の怖れであり、そこからあらゆる瑣末《さまつ》な怖れが派生する（と私たちは教えられている）。人生とは何と短いものだろうか！　私の九十二年間は一瞬のうちにすぎ去ってしまった。しかし私たちは、自分が死の列にすわって、今この瞬間に起こるかもしれない処刑を待っていることを、あらゆる手段を使って抑圧する。しかし、それについて考えることを拒否するか、あるいはそれについて話すかして、**自分自身の**死の怖れを取り除くことは決してできず、私たちはただその苦しみを積み上げるだけなのである（他人の死はもちろん別問題である）。

繰り返すが、私たちの経験は程度の差こそあれ、何と**苦痛**なものだろうか！　もし人の喜びの全体量が苦痛の全体量に勝るとしたら、そういう人は実に幸運である。人生の不満足について仏陀と同じくらい正直になろう。私たちがその事実を認めるまでは、自分が完全に満足し、心満たされる安住地を求めないだろうし、ましてそれを見つけたり、そこに住んだりすることはないだろう。

では、貧しさや、その他の多くの物事、私たちが望みながら手に入れることができない物質的、心理的、スピリチュアルな物事についてはどうだろうか？　そして、私たちが実際に手に入れるものが、私たちを手に入れ、所有するのにどれくらいの時間がかかるだろうか？　ああ、ずっとよいままでいるものたちよ！　その所有者を実際に豊かにする本当の富たちよ！

私たちはたえず生じる、何トンもの汚物の源泉としての人間の困惑すべき問題について嘆き続けることもできよう。「婦人用、紳士用、トイレ、休憩所、化粧室」などといった哀れな婉曲語《えんきょくご》はせいぜいそれらを隠すだけである。あるいは、自分たちの愛の営みが、寝室の窓ガラスで愛の営みを交わすハエたちのものと似ていることに謙虚にも気づいて、それを嘆くこともできよう。しかし、すでに明らかにしたと思うが、人間の運命は人が幸福に思えるようなものではないので、もしそれについての治療薬があれば（そして治療薬があると、私たちはあなたに約束している）、私たちは大急ぎでそれを取りに行くべきなのである。

まるでこの人間レベルにおける多方面にわたる哀しみの物語では不足だと言わんばかりに、私たちは人間を越えたレベルにおいてもひどいトラブルに陥っている。

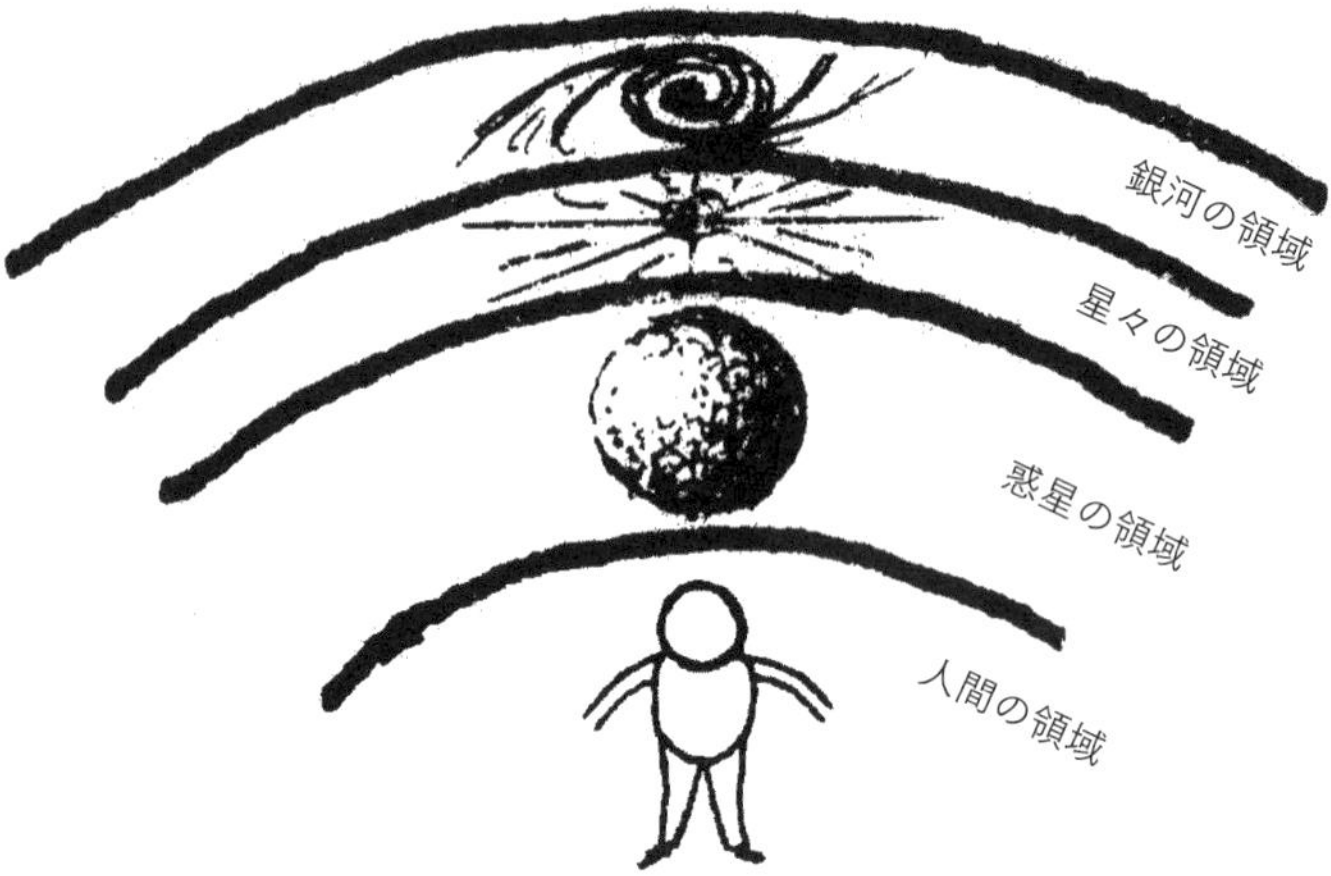


私やキャサリンと同じように、あなたもこの惑星を歩きまわっている六十億の人間の一人にすぎず、この惑星は太陽系を周回している何十万もの惑星や小惑星の一つにすぎず、太陽系は銀河を周回している星の一つにすぎず、銀河系は何千億もの銀河の一つにすぎない。そして、これらすべての銀河の中の無数の星々のどれくらいが、私たちとは非常に異なるにしろ似かよるにしろ、生物の生息する惑星を携える太陽系へと成長するのかは誰も知らないのだ。そこで、私たちはあなたにお尋ねする。こういった空間と時間と物事の状況の中では、あなたはもうこれ以上失われることがないほど失われ、これ以上無価値でありえないほど無価値なのではないだろうか？　そういった設定では、苦悩と歓喜のすべてを持ち合わせた私たちの生は、これ以上無意味になれないほど無意味なのではないだろうか？　そういった宇宙における私たちの存在意義に比

べれば、サハラ砂漠にとっての一粒の砂のほうがよほど意味があり、重要である！

宇宙における私たちの地位について目をそむけることは、私たち人間が正気を保つために必要なことなのだろうか？　ここでは不正直が最良の方策だろうか？　そうではないと、私たちは断固として言う！　ここにはトラブルがたくさんあるが、そういったトラブルに意図的で狭隘《きょうあい》で自己欺瞞《ぎまん》的なものは付け加えないようにしよう。しかし、そういった宇宙の中の無意味さという、恐るべき病気に対する治療薬は**想像可能**だろうか？　このワークショップの結論の前に私たちがそれを発見し、味わう可能性は少ないように思われるが、しかし見てみよう。

そうこうしている間に、もっと悪い状況がやってくる。私たちのトラブルのうち、最も潜行して緊急に私たちを脅かすものがまだ言及されずに残っている。それは、人間レベルにおける苦痛、孤独、戦争、死の宣告、人間を越えるレベルでの喪失、無意味さ、そして人間以下のレベルにおける条件づけ、犠牲化、奴隷化など。

「少女は何でできているの？」と、私たちはかつて尋ね、そして答えたものだ。「砂糖とスパイスとすべてのいいものから！」（訳注：英語の伝承童謡、マザー・グースの中の言葉）。しかし、今日では私たちの話は昔よりも人々を納得させない。少年と少女は無数の細胞からできていて、それらのすべてが必ずしも私たちのために最高の献身をしてくれているというわけではない。そして、それぞれが法則をもつ分子と呼ばれる非生物から成り立っている。さらに、同じことが分子を構成し

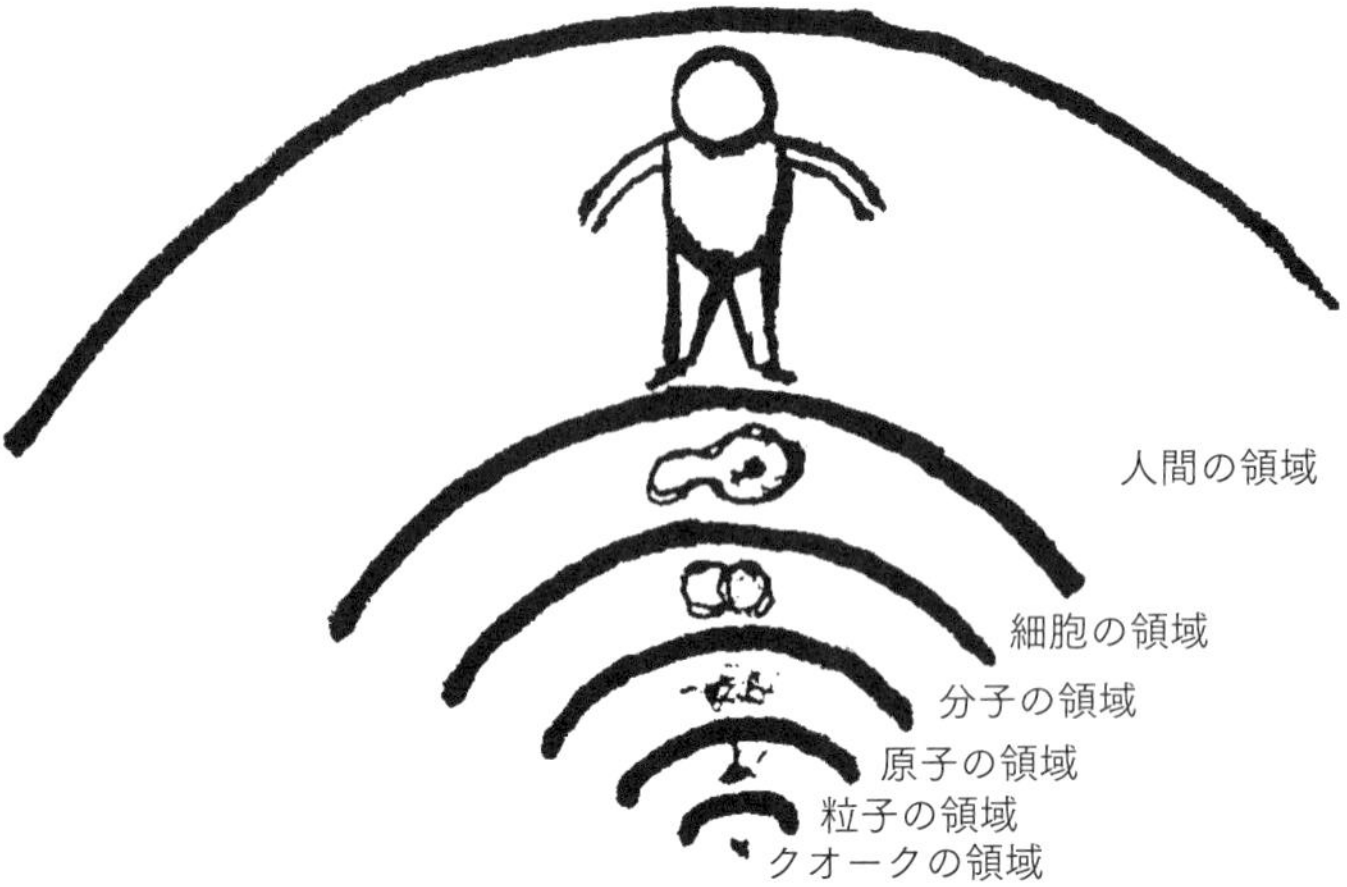


ているほとんど空っぽな空間である原子にも言える。そして究極の構成要素に至るまで、それが何であるにせよ、同じ状況である。数理物理学者はこれらの神秘的な領域のまわりを探っているか、その中で道に迷っている。私たちは道に迷っているのだ。

そして、私たちはこれら人間以下の五つのレベル、細胞、分子、原子、粒子、クオークにおいてたくさんの心配事をもっている。私の求めや望みにもかかわらず、この巨大な内部の住民たちは鉄のこん棒をもって私を支配している。女である代わりに男になること、軽い発作にかかりやすい体質、やせることよりも太ること、平静であるよりイライラすること、そしてまもなく死ぬことになっている病気（それが何であれ）の初期の段階で苦しむことなどに私は同意しなかった。無数の点において、私は嫌々ながら、遺伝子や染色体、クオーク、そしてそれらも越えたあらゆる種類の知られてい

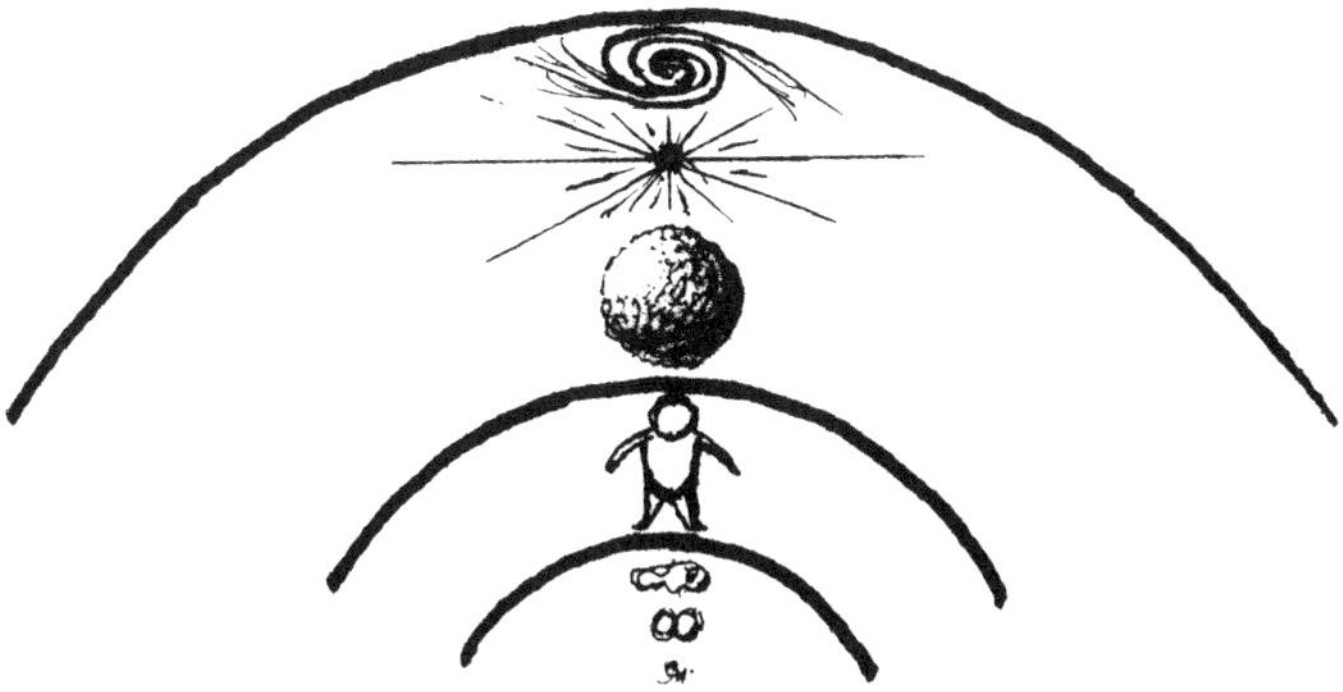

ない小さい、しかし強力な独裁者の犠牲者なのである。

　私たちは自由についてえんえんとしゃべり続けている。フランス人のキャサリンによれば、自由は友愛や平等よりも先行しているのだそうである。しかし、生物学や物理学のサーチライトのもとで、現在、自由の値段はどれくらいだろうか？　私たち人間が現在苦しんでいる内部の束縛以上に狡猾《こうかつ》で容赦なく多重にわたる束縛を、あなたは考えつくことができるだろうか？　そもそも私たちは、そんなマスターたちに反逆できるほどの勇敢な人を想像できるだろうか？

　で、私たち人間の哀しみの物語の中で、私たちはどこへたどり着くのだろうか？

　私たちは三重の苦しみに陥っている。一つは私たち人間レベルの苦痛、二つ目が人間を越えたレベルの無意味さ、三つ目に人間以下のレベルの奴隷制。

　なぜ私たちは人間が置かれている状況について、これほどまでに否定的になることが必要だと思っているのだろうか？　もう一つ質問をして、この質問に答えることにする。なぜ私たちは、ほとんどの人がいつもしていることをしないのだろうか？　つまり、すべての不愉快なことを隠してそれを抑圧し、他人に当てはめるときは抽象的で一般的な言葉で理解し、一方それを自分に当てはめるときは具体的で特別な言葉で理解することを拒否しないのだろうか？　なぜ私たちは、「結局、人間にすぎませんから」と全力で主張する、学があり知性のある無数の人々の集団に加わらないのだろうか？　言い換えるなら、なぜ私たちは自分がただのカエル（決して足元の湿地や頭上の暗い空にふってわいたものではない）にすぎないというふりをし続けないのだろうか？

さて、私たちの本当の状況がどれほど恐ろしいものであるかが明らかになることを考えてみると、私たちがしばしば悪夢を伴った夢の生活のほうを選択するというのも、おそらくは当然のことである。そしてその結果、科学時代よりも遅れた世紀のように、私たちの人生が非現実的で実際的でないのも当然のことである。だから、私たちがその脅威に対する薬を見逃すのも無理はないのだ。

キャサリンがここで私の話を中断する。もう話は充分です。私たちがその薬を求める時代が来たのです。まず手始めに私たちの宇宙的階層、銀河からクオーク（あるいはヒッグス粒子？）までを見てみましょう。私たち人間自身はこの三重のトラブルの中にはまっているというか、そのまっただ中に置かれています。この様々なレベルの宇宙のどこで、私たちは宇宙薬局、私たちの三重のトラブルの処方箋を見つけられるでしょうか？　その魔法の薬が潜んでいる可能性のあるあらゆるレベルで、ダグラスは描いたイラストに何か本質的なものを残しているでしょうか？

私がこれからやることは、あの素晴らしい有名な写真集、『パワーズ オブ テン』(日本経済新聞出版社刊)で手がかりを得ながら、銀河を越えた地点を出発し、ここにいるダグラスという被検物を目指して進む宇宙的階層の旅です。途中の風景を報告するので、その間、あなたは上のイラストに照らしてチェックしてください。

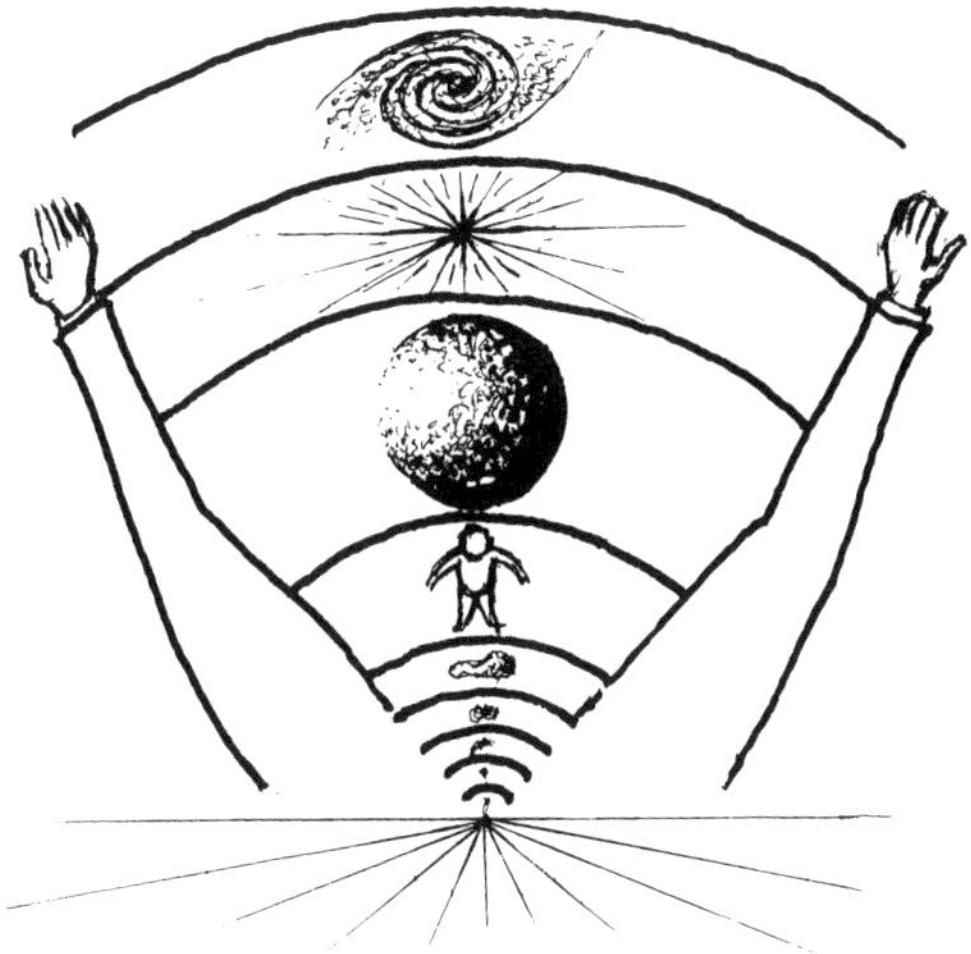

最初、私は何も見つけられず、ただそこには無限の空っぽな空間があるだけです。それから、無数の光の小さい点が現れます。私がその一つに近づくと、それは大きく、明るくなり、そして急激に成長する光の渦、銀河に置き換わります。さらに銀河は膨大な星々の集合と置き換わりますが、まもなく一つを除いて消え去り、それが太陽系に発展した星、私たちの太陽だとわかります。今、その太陽が消え、この美しい惑星である地球に置き換わります。この惑星への帰郷は順次、大陸、国、街、通り、建物、この部屋に置き換わります！

「あなたを捕まえたわよ！」と私は叫び、それを証明するためにポラロイドカメラを取り出して写真を撮ります。「ほら、そのスナップ写真よ」。この時点でダグラスが猛烈にさえぎります。「バカなことを言ってはいけないよ！　あなたは少なくとも二メートルは私から離れている。そちらでは、あなたとあなたのカメラと私の居間の鏡は、ダグラス、つまり宇宙階層の上りと下りの真中にいるあのカエル野郎であるダグラスを正しく得ている。事実、あなたはまだ旅の半分まで来たにすぎない。そして、旅の終わりにあなたを待っている**私を**見つけたいと思うのなら、あなたは私がいるここに来なければならない」

キャサリンは賛成する。彼女は私への旅を再開して、途中で発見することをさらに写真に撮りながら物語を続けた。私は夫の下半身を失いつつあります……今、胴体も失い、顔だけが残されて……彼の目と鼻と口はどんどん大きくなり、そして今やそれらは消え、皮膚の断片が残されていま す……私が接触すると、それも消え……私は彼のすべての痕跡を失い、ただぼんやりとした影だけがあります。

もし私に高性能なカメラや電子顕微鏡などが提供されたとしたら、私から彼への後半の旅は、もっと興味深いものになったことでしょう。私の物語は次のように展開したことでしょう。皮膚の断片をもっとよく調べると、細胞と呼ばれている巨大な騒がしい生き物たちの集団だとわかります。そしてこれらは一つを除いて消え去り、さらにもっとよく調べると、細胞器官と細胞小器官の非常に奇妙な世界になります。それから、構造はもっているが色や生命はない、複合的でよりシンプルな分子の世界になります。それらの一つに近づくと、私はそれを失い、代わりに原子の群れを発見し、それからたった一つの原子、さらに粒子の集まり、そしてたった一つの粒子を発見しますが、それはほとんど何でもないもの同然です。事実、私は宇宙探求の失望的な終わりにやって来たのです。ダグラスがいると言っていた場所は、まるで彼がいない場所のように見え、私は未亡人になったのでした！

この不幸な期待はずれの理由を理解するのは困難ではありません。『パワーズ オブ テン』の例に従い、被験者が何でできているのかを彼自身が内部物語を語ることによって、私の外部物語を締めくくって完成してくれるように頼むのを忘れていたのです。それを今、私は彼に頼むことにします。ドアをノックして、私は叫びます。家にどなたかいますか？ ダグラス、そこにいる感じはどうですか？

彼は自分が何から見ているのかを指し示しながら答える。どんな外部の者も、私が何でもないものであるここへは到達することはできない。私ははるばるすべての道を旅したのだ。しかし、もし今、あなたが**私を**見る代わりに、あなたも向きを変えて、ここに来て**私といっしょに**見れば、自分もまた、私である意識する同じ何でもないもの、あらゆるものを包容している何でもないものであることがわかるだろう（この時点でワークショップの参加者たちが見るものは、お互いの頭をいっしょに抱えて、それぞれが世界を抱きしめる腕を前に出しているキャサリンとダグラスだ）。この何でもなく、すべてであるものは、キャサリンが帰郷の旅の途中で出会ったすべての地域的影響や外見の現実、源泉、中心である。もちろんその中には、イラストの中央にいる人間も含まれている。

ワークショップのすべての参加者が、私たちがこれまでやってきたことを自分たちでもやり、彼らもまた同じ結論や似たような結論に達するのかを発見するときがやって来た。また別の大事な実験（トンネルやカードの実験のような）をやるときでもある。それらの実験の目的といえば、自分の中心での本質と、離れたところでそう見える自分の外見との巨大な違いを見て、その違いを心に留めることである。

普通のセラピーでは、私の病気はここにあり、私の薬は向こうにある。が、私たちが長々しゃべっているこの普通ではないセラピーでは、私の病気は向こうにあり、私の薬はここにあるのだ。このワークショップの残りは、この中心にある薬がどのように中心からはずれた病気に完全に適合するのか、あの三重のトラブル――私たちの超人間界における喪失感と無意味さ、私たち人間の孤独と闘争と死への怖れ、そして人間以下の世界における条件づけと奴隷性――に対して、どのように三重の効果があるのかを発見することに費やされる。

中間にいるあの男は極小であるが、彼の中心の存在は無限である。中間にいる男は、自分が宇宙の中で喪失していると思っているが、この中心の存在は、自分の中に宇宙が喪失している（というより、むしろ発見されている）ことに気づいている。彼にはどれだけの銀河も入れるだけの空間と余地があるのだ。彼が自分の内に指し示している地点は、あらゆる方向に、そしてすべての限界を越え瞬間的に爆発している。それは彼が自分の収容能力を信じたり理解したりしているということではなく、彼があの小さい男の能力不足を見る以上に、もっと明確に自分の収容能力を見ているということである。あの男のひ弱な腕に比べて、これらの偉大な腕はありありと宇宙を二重に抱擁している――所有の抱擁と愛の抱擁。

では、私たち人間レベルについて語ろう。

向こうでは、私たちは皆地獄にさっさと郵送されるように、分離した小包に閉じ込められている。しかしここ中心では、私たちはお互いを遠ざけておく何ももっていない。ここ天国では、お互いは相手のために消えている。私たちは愛の感情を作り上げるのではなく、お互いのために広く開かれ、愛するために作られているという事実に抵抗するのをやめるだけである。

あの小さい男は確かに閉じて作られていて、それの意味することは、死のために作られているということであり、そしてあらゆる他の物事もそうである。あらゆる**もの**は消滅する。しかし中心では、あなたは何でもないもの――あらゆるところに存在し、すべてを抱擁し、広く広く目覚めているものであり、不滅である。死も死の怖れも、死ぬべきものが何もないところへは到達することはできない。また、死も死の怖れも、**全体としての物事**には到達できない。この宇宙、キャサリンが探求した滅びゆく全体と部分のこの素晴らしい階層は、分割できず、破壊しえない総体である。この総体こそ私たちの本当の体であり、すべての肉体がその器官である有機体であり、そのおかげですべての生が営まれている一つの命なのだ。この本当の体が混乱しているとか、汚いとか美しくないなどと、私に言わないでほしい。もしあなたに、これ以上優雅で、素晴らしく、年齢を超越し、実に神聖な体形を思いつくことができるなら、ぜひ私たちはそれについて聞きたいものである。

この時点で、誰かが私たちに、どのようにして意識的に自分の中心から生きることで、肉体的痛みを克服できるのかと質問した。ダグラスは「キャサリンに比べると自分は肉体的には臆病なので、この重要な質問にはキャサリンに答えてもらうことにしよう」と言う。キャサリンが答える。「私は長年、関節炎、特に手の関節炎に苦しんできて、最近では頭痛がします。痛みは決してなくなりませんが、微妙に変革されることに私は気づいています。事実、私である一なる存在からそれが対処されるときと、キャサリンがいるところでキャサリンによって対処されるときには、大きな違いがあります。その違いを発見するには、あなたが帰郷して自分自身で見ることです」

では、私たちの三重のトラブルの三番目についてはどうだろうか？——私たちのボスである私たちの構成要素によって押しつけられた多くの条件づけ、人間以下の世界における奴隷制についてはどうだろうか？　さて、私たちの総体の肉体において、唯一すべての条件づけから自由で、これらのボスの誰一人いじめることができない領域、器官がある。そしてそこにはいじめるべきものも何もなければ、支配するボスもいない。自分が完全にその中に存在している場所に（賢明にも）あなたが不在であるという単純な理由によって、ここあなたの体の核心、原動力において絶対的自由が存在している。それは、どんな奴隷監視人をも必ずくじけさせるトリックである！　簡単に言えば、あなたが今いるところで、あなたそのものは自由そのものである。

これが、私たちがお約束した幸福な結末だ。あなたそのものが三重のトラブルに対する三重の治療薬である。これ以上に病気にぴったりと合い、これ以上手に入りやすく、副作用や過剰摂取も少なく、ヒーリング効果のある薬をあなたは想像できるだろうか？　あるいは、これ以上に過小評価され、処方されない薬も想像できるだろうか？

この薬を飲んで、その効果がどれくらい完璧で、広範囲で累積的であるのかを発見するのは私たちの仕事である。私はこの薬の大量服用によって根源的に恩恵を受けない機会や活動を知らない。しかし結局のところ、中心にいる私である存在によって意識的におこなわれることは、向こうであなたにそう見える者がやることより、はるかにうまくなされることは驚くことではない。キャサリンと私はこの処方が難しいということを否定はしないが、しかし私たちの経験によれば、長い目で見れば、他に存在するような代わりの治療法はもっと難しいことがわかるだろうということを付け加えておきたい。

私たちは皆、最も健康的な者でさえこの薬を必要としている。私たちは運よく基盤のレベルでは本当に薬剤的な宇宙に生きている。あるいは秘蹟の宇宙にさえ住んでいる（このことはコベントリー・パットモア〈イギリスの詩人、批評家。一八二三〜一八九六〉の詩を書き直して引用するなら次のようになる）。

味わうものが誰もいないところで味わわれる
パンとワインがどれほど無料で振る舞われ、
それらがいかに獣を人間にし、人間を聖なるものにしてきたことか。

# 第4章　クローバー型立体交差点

あの貴重な雑誌『Which?（どっち?）』（訳注：イギリスの著名な商品テスト誌）の編集者は、近い将来、自分の車やビデオカメラや職業ではなく、自分の**スピリチュアルな**キャリアというか帰郷への道をどうやって選ぶのかという号を発行しそうにはない。だから、かなり簡略化された短いものになるとはいえ、その問題に取り組み、そしてどんな選択があり、それぞれどんな賛成意見と反対意見があり、費用がどれくらいかかるのかを描写するのは、私たちにゆだねられている。

次のような事実を考えてほしい。非常に知性があり責任感のある若者は、仕事に専心する前、自分がどんな仕事を世の中で選ぶべきなのかを考えるのに時間と注意を払っている。彼らは様々な職業の利点と欠点を比較考察する。彼らはまた他人のアドバイスも聴く。彼らは、その職業に飛び込む前に職業の雰囲気を体験しながら、いくつかの選択を試してみさえする。偶然や怠慢にまかせて、長い職業人生のまっただ中に飛び込んでいく人はほとんどいない。しかし、これらの同じ知性があり責任感ある若者が、彼らにとってずっと重要なこと、つまり自分の**スピリチュアル**なキャリアを選ぶことになると、何と違うことだろうか！　彼らはまったく偶然によってそれに無理やり押し込められるのだ。たまたま自分の友人が魅力的な講演の入場券をもっていた。あなたは脅され言いくるめられて、衝撃的な本を読まされた。あるいは、あなたはたまたま汽車の中で魅力的な人を発見した。というより、彼女があなたを発見し、彼女は自分の愛するグルのために弟子をもう一人捕まえたというわけだ。退屈し、何もすることを思いつかなかったところへ、あの燃えるような集団があなたの家になだれ込んできて、すべてを明るくしてくれた。あるいは、おそらくあなたは地域や社会階級、生活水準によって決定される祖先たちの信仰にただ無意識にすべり込んだだけかもしれない。私が確信するに、あなたのスピリチュアルな旅を推し進めてくれたものが何であったにせよ、私の場合がそうでなかったように、あなたの場合も、そこへ行く道路やそれぞれの交通事情も合わせて、スピリチュアルな領域を綿密に調べたわけではきっとないだろう。まったくそうではないのだ！

今からでも私たちの方法を修正するのは遅くはない。幹線道路を旅する旅行者がどれくらい経験があっても、また未熟だろうと、また彼がどこに到達したのか、あるいはしなかったのかにかかわらず、彼が先の道路事情を知れば知るほど、それはいいことなのだ。視界、気象条件、交通の流れ、事故、道路工事、分岐点のお知らせなど、どんな道路脇やラジオの指示がやってくるにせよ、それに目を向けず、耳を傾けないのは、安全なことでも賢明なことでもない。もしそれがスピリチュアルな道路、私とあなたが旅している帰郷への道であるとしたら、特にこのことは重要だ。だから、こういった問いかけをしているわけである。

この時点で、自分がある特定のスピリチュアルな道に専念しているのは、実際に偶然によって決定されたわけではないとあなたは言うかもしれない。それは、自分の気質によって決められたものだったと。私たちの中のある人たちは真実の追求に心惹かれ、また他の人たちは善の追求に、またある人たちは美の追求に心惹かれるかもしれない。

あるいは、もしあなたが東洋の伝統に心惹かれているとしたら、私たち一人ひとりのスピリチュアルな才能やカルマ的運命は幅広く異なることを指摘するだろう。その結果、ほとんどの人は知の道、賢者や見者の道に惹きつけられないのに対して、多くの人たちが献身の道、神、あるいは神の特別な化身や代表への明け渡しへの道に心惹かれ、また苦しんでいる世界に対して無私の奉仕を捧げる道に惹きつけられる人たちもいる。「私が神からの召命、あるがままの私の才能に忠実でありますように。そうすれば、それらが私を帰郷させてくれるでしょう。私は自分の道を旅し、自分がやっていることに気を配ります。そして、他の旅人は他の道を行き、他社の車に乗り、それは別のブランドの燃料で走っていることを私は認めます。彼らに幸運のあることを!」とあなたは付け加えて言う。

妥当な議論ではあるが、しかし二つの理由で、私には納得できないことがある。まず最初に、自分の気質、性質、性格への関心は、私にはほとんど意味をなさないことを申し上げなければならない。あなたについては知らないが、私は自分が知的タイプなのか、感覚タイプなのか、感情タイプなのか、行動タイプなのか、生まれつきの怠け者タイプなのか、機会に恵まれない路上アーティストなのか、あるいは（神の恩寵によって）目覚めたある種のバカなのか、確信することはできないのだ。さらに、どんな部外者も、私が何であるかを言う立場にはない。私の内部情報によれば、もし私が気質というものをもっているとしたら、それはこれらすべての成分とさらに他のものからできている魔女の毒薬であり、それらのどれが表面上で起こるかは、そのとき誰が大鍋をかき混ぜているかによる。

私の第二のそして主な理由は、次のようなものだ。一つのルートだけで帰郷することは確かに可能であるが、そこでの私の滞在は実に短く、私の訪問はよくて大急ぎの訪問である。実際、帰郷し、故郷を楽しみ、故郷でくつろぐためには、人はいくつかの道で到着しなければならないと私は本章の終わりで主張することになるだろうと思う。それゆえ究極的には、人の方法は単に直線的ではなく、横道にそれるものであるに違いなく、一方向だけで近づいていく代わりに、あらゆる側から一点に集合するようなものである。こういう観点から見ると、いわゆる気質などというものは育成するための真の特異性ではなく、むしろ成長を制限する想像だと言うことができるだろう。

あるいは（確かにもっといい理由であるが）、あなたは気質などという幽霊を喚起する代わりに、自分をあるスピリチュアルな道に進ませた出来事を「偶然の出来事」ではなく、親切であらゆることを見通す賢明な神の摂理として解釈するかもしれない。その場合であれば、私が示唆したいことは、この同じ神（それは確かに、あらゆることにこの上なくすぐれ、何でもできる存在であり、心の広い王子であり、決して自分自身へ戻る道の好みにうるさくない）は、神からあなたに与えられた特別の道が、神から特別に与えられた他の帰郷への道といかに密接にリンクし、それらがいっしょに合わさって一つの分割できない交通システム、帰郷への単一の流れを構成しているのかを、あなたが発見することを心から歓迎するだろうということだ。これからそれを見ていくことにしよう。

いずれにせよ、私たちがこれから調べていくのは、四つの選択である。

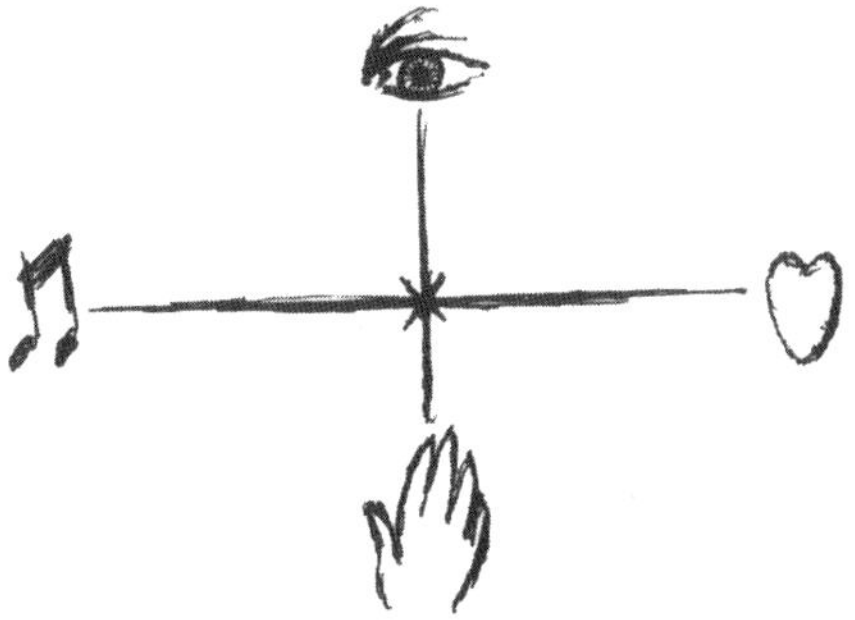

## ルート1——見者の道

与えられているもの、真実であるものの観察者の道は、あらゆる物事の中心へと帰る旅であり、それは彼自身への中心へ帰る旅と同じである。

ルート2——帰依者の道

自己を忘れる愛の道は、ただ一つ存在する聖なる他者へ帰る道であり、明け渡しである。

ルート3——奉仕者の道

善を為す者の道は、他者の帰郷を助けることで、いわゆる偶然に帰郷をめざす道である。

ルート4——芸術家の道

芸術家の帰郷の道は、美しいものを探すこと、創造すること、美しいものに献身することである。

ルート1：見者の道

利点

帰郷へのすべての道の中で、これが最も直線的で最も直接的で最も速く、どの方向へもスピード制限はない。この道路の唯一の規則（それは必ず守らなければいけない）は、あなたはうわさではなく、自分が見たものによって判断するということである。行程は非常に楽なものであり、交通量は実に少ない。そして、この道を行くすべての人にとっては明白な道なので、彼らはこの道がこんなにも人気がないことに驚く。

これがいかに明白か、いかに直接的か、いかに速いかを見るためには、どうか今、旅の中のこの旅をしていただきたい。このイラストは何をすべきかをあなたに示していて、あなたがそれをするまでは放免してはくれない。腕の長さのところに手鏡をもち、向こうに見える顔を新鮮な気持ちで眺めてみよう。それがどれほど遠くにあるのか、どれほど小さいか、どれほど複雑か、どれほど不透明か、どれほど他のすべてを排除して自分自身で満たされているか、そして言うまでもなく、それがどれほど短命なものか、今日はここにあっても明日にはなくなってしまうものか、注意深く観察してほしい。

さてこれは、故郷から遠く離れた異国における、あなた自身と他人にとってのあなたである。

では、あなたの人差し指の助けを借りて、この旅の中の旅をゆっくりとしてみよう。充分な配慮と注意を払って、あなたの伸びた腕にそって手首からひじまで、そしてひじから肩まで、そして肩から何かまで、ずっと旅をしよう。

確かに**現在の証拠にもとづけば**、その何かまでとは首、喉仏、あごなどのすべての**不在**までである。そして何でもないもの、巨大な空間、広く目覚めた（繰り返すが、広く目覚めた）虚空、または明晰さ、旅の終わりであなたを迎える歓迎の解放性だ。

あらゆる故郷の中で、あなたの故郷は最大のスケールである。あなたが自分の腕の一番近いところから眺めている王宮と、向こう側で眺めている「何と呼べばいいものか」との間の対照が、今以上に大きくなることがあるだろうか？あるいは、今以上に一貫して見過ごされることがあるだろうか？さらに、建物はその住居者にぴったり合っている。神のため、あなたのため、そしてすべての人たちのために、あなたはどこか他の場所ではなくここにいて、ここ故郷ではあなたは完全に自由で、完全に透明で、完全に開かれていて、完全に不死であることをチェックしてほしい。

そうなのだ。ルート1による帰郷は、それほど簡単で、それほど明白で、それほど速く、それほどやる価値があるのだ！　さらに次のようにあなたに納得させることを許していただきたい。誓って言えば、この腕の旅は故郷へ帰る想像上の旅行では決してなく、また帰郷の模倣でも、予行でも、低品質の真似事でもない。もしあなたが鏡を取り出し、充分な注意と開かれた心をもって旅をしたとすれば、これは本物の旅であり、あなたを最後まで連れて行ってくれたはずだ。

しかしそうであるなら、これはなぜこんなにも人気がなく、ほとんど旅をされないのだろうか？

## 欠点

確かに、いくつかの理由といくつかの欠点（想像上のものと本当のものがある）、さらにルート1を疫病《やくびょう》のように避けたり、地図から完全に削除さえするいくつかのもっともらしい言い訳がある。

最初で最大の理由は簡単なことであり、私たちはすでにそれについて触れた。あなたもおそらく気づいたことだろうが、あなたの肩が消えていく無限の明晰さは最も短い一瞥《いちべつ》であった。事実、あなたは自分自身にすでに問いかけたかもしれない。もしあたりを見まわす時間や駐車する時間が許されないとしたら、なぜわざわざどこかへ旅するのだろうかと。真実はと言えば、多くのそんなあわただしい訪問の後でやっと、あなたは駐車券をもらえるのだ。ということは、まあ、理解できることではあるが、ほとんどの旅行者がそれを得るだけの忍耐力と一貫性がないということだ。

見者の道、ルート1の不人気の二番目の理由は同様に説得力があり、わかりやすい。問題はその道がとてもつまらない土地、退屈なほど平凡な景色、寒々とした灰色の風景を横切るからである。手から存在しない口までの旅で、あなたが興奮したり、気分が高揚したかどうかを教えてほしい。それはずっと単純ではなかっただろうか？　あなたも私も、スピリチュアルな道の――仮にもスピリチュアルな道という名前に値するものなら――喜びと慰めについてたくさん読んだことがあるはずだ。あなたはこの最も短く最もスリルのない旅から、どれほどの喜び、どれほどの素晴らしい慰めを享受しただろうか？　あるいは、トンネル内の風景にやみつきになっている頭のおかしいユーロスター（英仏間高速鉄道）熱狂者のように、もし永遠に毎日繰り返し続ければ、それを享受できそうだろうか？

ここで私は三番目の欠点を付け加えたいと思う。半世紀の間、見る道を旅をする旅行者を観察して、もちろん自分自身も含めてのことであるが、私は一つのことを納得した。つまり、このルートで定期的に帰郷することはあまりに簡単だが、なおがっかりするほど、あらゆるところにある美の喜びは言うまでもなく、自己忘却、謙遜、積極的な慈悲に欠けることだ。こういったものは故郷に充分長く滞在して、それらに機会を与えれば、もちろん私たちのものになるのだろうが。今のところ私たち見者は明らかに聖人ではない。実際、私の印象では、私たち一人ひとりが遅かれ早かれ、自分がより悪く、平均的立派な人間よりもひどいことを発見することになる！　そうであれば、あなたはスピリチュアリティにどんな価値があるのだろうかと尋ねるかもしれない。

今、述べたことでも充分に悪いが、ルート1の四番目の欠点はもっとひどいもの、これまでの中でもはるかに人の興味を失わせるものである。この旅はあなたを満たすというよりむしろ、あなたを恐れさせ、震えあがらせさえするかもしれないのだ。そしてそれは不思議なことではない。仮に鏡の中に現れ続ける「あなた」が、あらゆる点でひどいやつで欠点が多く、事実、処刑待ちの犯罪者だとして、まったくそうだとしても、どれだけ短い間にしろ、少なくともあなたは**存在している**。仮にどれだけ取るに足りないとしても、少なくとも**何か**があなたにはある。少なくともあなたは**誰**

**か**であり、そうであるかぎり、何十億の同様に不幸な誰かさんたちの間では、自分がいかに孤独で迷っていて愛されていないことなど、決して気にならないのである。しかし、このつかの間の慰めもルート1の旅の終わりには煙として消え去ってしまうのだ。私はあなたに尋ね、あなたも私に尋ねる。まじめに忍耐強く故郷に向かったその結果がただ、ルートの途中で自分が消え去るのを発見することであるなら、そのことに一体全体どんなよいことがあるのかと。歓迎すべき人が存在しないことを発見するとは、一体どんな種類の歓迎だろうか？　近頃では車で行く旅行の危険性が話題になっている！　ここに、致死に至ることが**保証されている**幹線道路があるのだ。

　全体としては、手ごわい批判である。しかしながら、列挙されたこれらの反論に対する根本的な答えがあるのだと、私は喜んであなたを納得させたいと思う。さらにルート1それ自体が私たちをその答えへと導いてくれ、その答えはドライバーにはおなじみのクローバー型交差点という形をとる。この場合は少なくとも本当に幸運のクローバーの葉なのだ。

　この問題をイラストで説明してみよう。多くの道路工事、重なる事故、そしてひどい天候状況などが、ルート1への直

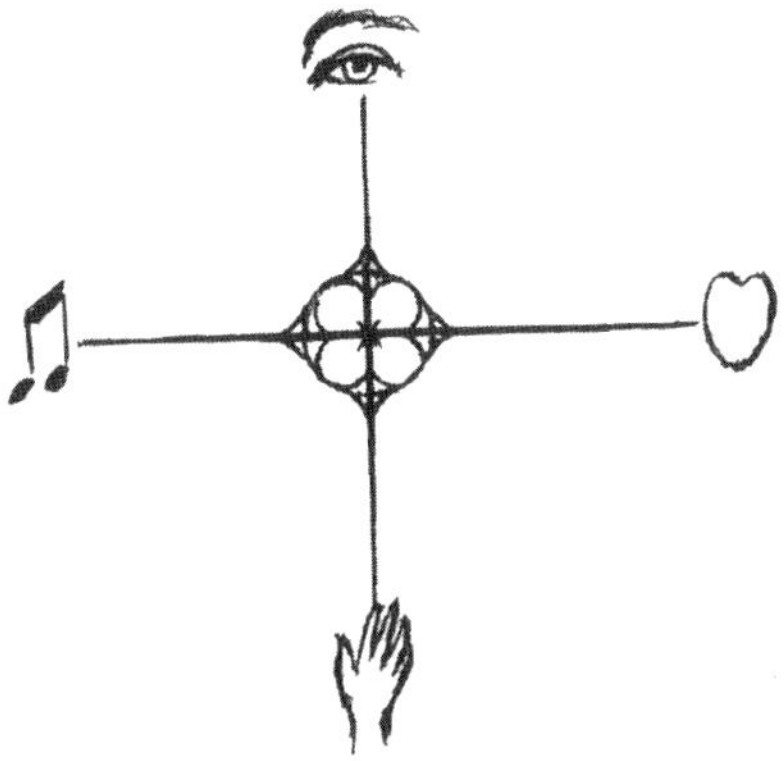

線走路を妨げてしまうことはよくあることだ。**その結果、私は立体交差点を通じて、帰郷への他の三つの道の一つに引き込まれてしまうのである。**真実は、もちろん、こういったよくある残念な遅れという妨害には、結局は祝福が隠されていることがわかる。それらのおかげで、故郷への直線的な道は横にそれて発展し、私の一面的アプローチはあらゆる方向からの合流地点となることが確実となる。見ることを持続している者は、献身や愛ある善行や愛情に次第に入っていくというより、どちらかというと突然押しやられるのである。そうすると、ムンダカ・ウパニシャッドの言葉がそういった人には当てはまる。「あらゆるところにあり、全体であるものに、あらゆるところから近づけば、彼は全体に至る」。これは旅行者にとっての保証ではなく、最終的設定である。そのときになって初めて、彼はシティ・センターそのものの使用に対する無制限の駐車切符を発行してもらえるのだ。そして、ついにここ、まさにここだけに彼の完成があり、比類なき安全があり、消滅に対するあのようなすべての恐れがいかに滑稽《こっけい》かを理解する立場に立つ。

要約すると、あなたが選択した、あるいは選択しなかった帰郷への道が何であれ、次に述べる理由によって、どうかルート1を公正に試していただきたい。それは安上がりで直接的で、速く、よく整備されていて、そして最終的には迂回できない道である。しかし、あなたがルート1の道を頻繁に旅するまでは、ルート1の道から多くを期待してはいけない。ルート1をしばしば旅した結果、道路状態の変化(私が言っているのは、人生で私たちが常に直面する障害や中断などのこと)

のおかげで、あなたは確実に他の道、特にルート2でもしばしば帰郷することになるのだ。そして神がアル・ニファリ(スーフィーの詩人。?～九六五)に言ったように、あなたに「汝の目で**私を**満たせ。そうすれば、私は汝のハートを満たすだろう」と言うとき、その言葉の意味が理解できるようになる。

## ルート2：帰依者の道

### 利点

このルートでの帰郷の旅はハートの道であり、目の道であるルート1での旅とほとんどあらゆる点で際立って対照的である。ルート1は涼しく、ときには氷のように冷たかったが、こちらの道は快適なほど温かく、ときには燃えたぎるほど熱い。ルート1はあなたの靴下の穴と同様に、ワクワクするものでも、色あざやかなものでも、美しいものでも、香りのいいものでもない虚空、空性、不在の凝視だった。それに対してルート2はバラ色で、バラの香りがするだけでなく、しばしばバラのように美しい感情であり、愛すべき存在や人、人を越えた存在に注がれる素晴らしい愛である。ルート1は仏陀が強く推薦したように自分を信頼し、外の避難所に自分を連れて行かない厳しい練習だった。それに対しルート2は、あなたを決して失望させない一なるものへ自己を明け渡し、安堵のため息とともにリラックスしてまかせることである。ルート1は一人で孤独な行程であったが、ルート2は陽気な仲間の帰依者でいっぱいの楽しいバス旅行である。そしてもちろん、同じ聖なる誰かを、それが一なる存在そのものである誰か、または（もっとありそうなことは）その一なるものを顕現しているか、代表している非常に特別な誰かを共同で崇拝することほど感動的で、それほどすぐに障害が壊されるものもない。

よって、ルート2がルート1よりずっと人気があるのは不思議ではない。それは人が多いばかりでなく、必要不可欠でもある。道の途中でもある程度は、そしてどの方向からでも故郷に到着したならかなりの程度、自分の個人的で表面的な意志は本当の本当のあなたである一なるものの意志に従属しなければならない。あなたが個人的指針をもたず、天国の税関の門で何も申告するものをもたないときだけ、あなたは永遠に中に入れてもらえるのである。

### 欠点

実際、自分の個人的意志を明け渡すことは、想像しうるかぎり最も大変で過酷な要求である。それはあまりに厳しく求められるので、この道を出発した非常に多くの人たちのほとんどが旅の終わりにたどり着かず、しばらく留まることもない。それで、この道の最後の直線コースはルート1と同じくらい旅されないのである。おそらくルート1よりも旅する人は少ない。

さらに、この道には手ごわい二つの障害が潜んでいる。一つは、崇拝するマスターが崇拝どころか、まったく尊敬に値しないことが露呈されるかもしれないという危険性である。結局、サット・グル、マハラジ、スワミ、バグワンなど、あるいはそれらに相当する西洋のより平凡な称号を主張して(あるいは拒否できなくて)、災難を招いているとは言えなくても、彼は実に自分自身に高い基準を設定している。そしてもし、主張してきた価値を彼の全人生が否定していることがもれたら、スキャンダルが公になり、スピリチュアリティ全般が傷つく結果となって多くの弟子たちは失望する。私はこういうことが普通に起こるとは言っていないが、しかし実際に起こるのである。帰依者の皆さん、注意しよう!

二番目の障害は、たとえマスターが称号を否定し、権力を求める人でなくても、それでもまだ弟子が自分の個人的意志を彼に明け渡すことに中毒し、彼のところで止まってしまうという高い危険性がある。マスターに個人的魅力がなければないほどいいとさえ言えるかもしれない。なぜなら、魅力のない人物は、弟子を神の手前の長い道に押し上げてくれるからだ(私は十字架の聖ヨハネと聖ビンセント・ド・ポール〈フランスのローマ・カトリックの牧師。一五八一~一六六〇〉のことを考えていて、彼らは二人とも聖人らしさを放射してはいなかった)。マスターが、「もしあなたが神に明け渡す気がまだないか、準備ができていなければ、完全なる帰依という本当の目標への最初のステップとして少なくとも私に明け渡しなさい」と主張するのは(人は完全な誠意でそう希望するわけだが）非常にもっともなことだ。だが、それはその方向での**最後の**ステップとなり、かわいそうな弟子は明らかに故郷から遠く離れた道端で行き詰まっているということが非常によく起こるのである。この弟子がキリスト教徒だったなら、おそらく人間イエスへの偶像崇拝の問題で行き詰まるだろう。イエス・キリストを軽はずみにも「偉大な師よ」と呼んだ男に向かって、イエスが「ただ神だけが偉大である」と言った警告が無視されているからだ。この「偉大な師」という称号は、神やバグワンは言うまでもなく、マハラジやスワミにも遠く及ばない平凡なものであることにどうか気づいてほしい。十六世紀の非常に尊敬されていたスピリチュアルな指導者であるJ・J・オリエは、「人間のイエスを見ることさえ、純粋な神を見る障害となりうる」と言ったのも、もっともなことである。

しかしまた私は、こういった不確実な道路状況と旅の危険性にもかかわらず、これは私たち皆が最終的には最後まで旅しなければいけない道であることを急いで繰り返し言わなければならない。そして、そこでは究極的な明け渡しとは、私たちがそれを身につけ、融合し、そして降伏することであって、それを達成するということでは絶対にない。キリスト教の言葉で言えば、それは父、子、聖霊という神の三位格の聖なる交換、つまり父が**自分以外のもの**として、子として自分自身への崇拝に参加することに他ならない。そして逆に言えば、それは子が**自分以外のもの**として、父として自分自身への崇拝に参加することだ。まったくそのとおりである！　人間の中の自己崇拝は甘い香りがしないように、神の中の自己崇拝も甘い香りはしない。事実、神だけが自分のまわりにあの病的な匂いをもたないのだ。愛そのものである神の中にのみ、自己愛で薄められていない私たちの愛が存在する。

## ルート3：奉仕者の道

### 利点

これは比較的安全で議論のない帰郷への道だろう。事実、物事をよく知りおこないがいい平均的市民は、これこそが帰郷への唯一の道であり、他の道は（今のところ地図に現れている様子からすると）、病的な自己没頭、自己中心性の傾向があると言うことだろう。餓えた者たちに食料を恵み、貧しき者たちに衣服、寝床、教育を与え、病人を癒す、これこそ聖霊の真実の生命であり、それは他人の幸福のために自分自身を忘れ、自分の個人的幸福を忘れることから成っている。そして、もちろん彼らは要点をついている。他者を排除して、彼らの苦境に心動かされないいわゆるスピリチュアリティは偽物であり、まやかしである。再度キリスト教の言葉で言えば、ハンセン病の乞食は正体を隠したキリストであり、あなたが彼にするあらゆることはキリスト自身の精神においてキリストのためになされるのであり、それはキリスト教世界においてスピリチュアル的に一歩先んじることよりも、相手を気遣うということだ。

## 欠点

繰り返すが、もしこれこそ自分の唯一の道であるなら、あなたがトラブルに出会い、故郷から遠く離れたところで停滞させられるのは確実なことである。私たちの中でこの道を迂回する余裕のある人が誰もいないのは事実であるが、一方また私たちの誰もその困難と危険性に目をふさぐ余裕はない。ここにその困難と危険性を三つ挙げてみよう。

聖人的役割に身を投じている自分を祝福することなく、純粋な慈悲から献身的で自意識のない善の行為者になることはきわめて困難である。いや、不可能だ！　マザー・テレサは言うまでもなく、聖ビンセントはそれほど聖人だっただろうか？　私はどんな人もこの切符だけで、故郷にはたどり着けないと思っている。それは他の切符、他の道と合体させられなければならないのだ。たとえば、ルート1があれば祝うべき自分が消滅するということで、旅人の自画自賛を防ぐことができる。それはもちろん、あなたの善行を受け取る人があなたの崇高な動機をまったく気にしないということではない。そして、もちろん少し自分を誉める善行のほうが、あるいは大いに自分を誉める善行であっても、何も善行をしないよりもいいのである。

様々な動機の問題とともに、様々な結果の問題がある。あなたの最も親切な行為の最も不親切な結果や、あなたの最も効果のある治療法の目に見えない副作用についてはどうだろうか？　周知のように、短期的援助は長期的弊害という不快な結果になることがよくある。無力な人たちがあなたの援助を必要としなくなるように助けて上げること、これが本当の援助であるが、しかしこれは簡単でもないし、またそう起こることでもない。

そして最後の最も重要な問題に、どの程度の、あるいはどのレベルの援助が真に役立つのかということが残っている。スピリチュアルな結果を考慮に入れない物質的援助、そして精神的援助さえ非常に重大な不利益となってしまうことがある。私は「ライス・クリスチャン（貧しい人たちに物質的援助を与えて、キリスト教への改宗を促す活動をするキリスト教徒）」のことを考えていて、彼らの善意の宣教活動による転向はまったく無価値であった。また、死につつある人々に気前よく処方されて昏睡させる痛み止めについても考えていて、その結果は患者の人生の最高の冒険となりえたかもしれない帰郷が、濃い霧の中で覆い隠され、消滅させられるのである。要約すれば、あなたの患者や貧しい人たちに彼らが欲しいものが何であれそれを与えることは、あなたの子供が欲しがるものをそれが何であれ与えるのと同じくらい安全ではない。その一方、相手に必要だとあなたが考えているものを与えることも、災難である場合がある。トルクマダ（スペインのドミニコ派の修道士で宗教裁判所長。一四二〇～一四九八）は何千人という異教徒を生きたまま焼き殺してしまったが、それはその行為が最後の瞬間に彼らを永遠の業火から救うかもしれず、彼らの魂にはよいことだと彼が信じていたからである。

さて、ではどうしたらいいのだろうか？　どうしたら人が**本当に必要としている**ものがわかるのだろうか？　人がルート3の途中でぶつかる問題は、あまりに解決不可能に見え、あなたがこの道は大きな脱線か、帰郷への道ではまったくないと思うのも当然かもしれない。

しかし、心やさしい皆さん、ご心配なく。故郷へのこの道には欠点だけではなく、あなたの善行に対する目に見えない、そして予測できない悪い結果に対しても安全措置が**ある**のだ。それは、起こりうる結果を計算したり、その他の聡明さや思考による方法ではない。あなたはこれを聞けば驚くだろうが、それはこのルート3の帰郷の道に、他の道、特にルート1でもしばしば帰郷することを合体させて、それを補強することである。そして以下がそのやり方である。

**自分が本当にいるところで自分の本当の姿を見ながら、向こうで自分がやっていることをきわめて自然に眺めるのである。**自分がなぜこのように行動しているのかを尋ね続けたり、すべての結果を予想しないように。すべてを見る一なるものの目である、自分の単一の目に盲目にならないことである。また、あなたの善行をおこなう腕と福音を伝える足は言うに及ばず、あらゆるものを動かす沈黙の中心を見逃さないことである。慰めと霊感をもたらすあなたの声とともに話す静寂の中心を見逃さないことである。そうすると、他のすべては付け加えられるだろう。そうすれば見かけはそうは見えなくても、自分は正しいときに正しいことを正しい人たちのためにしているのだと確信すればいいだけである。あなたは新しい慈善事業に気前よく反応するかもしれないし、そうしないかもしれない。待って見る、見て待つのである。あなたは長くは待たされないことだろう。故郷での生活は規則に縛られてはいない。それはトロッコではなくバスであり、路線バスではなく空気のように自由なヘリコプターのようなバスである。習慣によってでも原則によってでも決められない、唯一の真実で真に思いやりのある自由な反応は、あらゆる物事の起源から直接進行してくるものであり、それはまたたえず問題の解決法も携えてくる。あなたの聖なる中心から湧き起こってくる何をどうしたらいいかの知恵は無限に賢く素晴らしいのに対して、あまりに人間的なあなたの表面からくるとされる同等物は幻想であり、事実存在しないものである。

しかし、私の言うことを信じないように。今日からは、あなたの中心から湧き起こってくるものを信じ、人間的なあなたの表面からくるものは信じないことを試してみてほしい。

## ルート4：芸術家の道

### 利点

この道は、あなたがスピリチュアル・サークルと呼ぶかもしれないものの中ではほとんど認められていないので、私がここでこの道を付け加えたことにあなたはおそらく驚いていることだろう。

説明のためにある実話を紹介しよう。

聖ヨハネ・マリア・ビアンネ（フランスの聖職者。一七八六〜一八五九）として崇拝されている教区芸術司祭は近代の聖者の中でも最も神秘的な才能があり、魅力のある人である。教区民の一人が彼に美しいバラを一本もっていくと、「このせいで私が聖なる美からはずれてしまうといけないので」とそれを厳しく拒否したという。その教区司祭にとっては、「肉欲」のような「目の欲望」は故郷への道における悪魔的横道であり、決して故郷の方向に向かう聖なる前進ではなかったのだ。私が思うに、こういった不幸な片寄りは、ピオ神父（イタリア生まれのカプチン会の司祭。一八八七〜一九六八）と同じように、彼が悪魔との恐るべき戦いに個人的に関わることと、また定期的に自分を罰することが必要だったという対になる事実と関係していた。もし彼が肉体の美しさだけでなくすべての美は、自分がそんなにも情熱的に崇拝する一なるものの美を証明し、そこから派生することを見ることさえできたなら、この二つの醜悪さは避けられたことだろう。自由な教育が欠けていたせいで、彼はおそらくプラトン（古代ギリシャの哲学者。紀元前四二七〜三四七）の『シンポジウム』を一度も読まなかったのは残念なことだ。その中でソクラテス（古代ギリシャの哲学者。紀元前四六九〜三九九）は無類の魅力と雄弁さをもって、美しい地上の形態を楽しむことが、いかに天の美そのものを楽しむことへ人をゆっくりと導くことができるかを示している。

しかしここであなたは、美の追求が必ず人を故郷への道に導くことを否定して、あるいは少なくとも疑って、ギリシャの哲学者よりもフランスの司祭に味方したい気分かもしれない。結局のところ、トゥルーズ・ロートレック、ポール・ゴーギャン、パブロ・ピカソといった成功した美の追求者（現代の巨匠三人）は、他の昔の多数の巨匠とともに聖人でも賢人でもなかった。そのことで言えば、シェークスピアもダンテもレンブラントもモーツアルトも聖人化される危険性はまったくない。それでも芸術における銀河にきらめく星のような天才たちは、私たち皆にとって貴重でかけがえのない奉仕をし、しかも崇高な個人的犠牲にもかかわらず、最大の献身をもってそうしていることを強調したい。私たちの言葉で言えば、彼らはそういった意図にまったく気づかずに、彼らのルート4を旅することにルート2と3の旅を合体させているのである。その中でも特に才能のある者たち（この中にはマイスター・エックハルト〈中世ドイツのキリスト教神学者、神秘主義者。一二六〇?〜一三二八?〉と十字架の聖ヨハネとルーミー〈イランの神秘主義詩人。一二〇七〜一二七三〉も含まれていて、彼らはスピリチュアルなマスターであるばかりでなく文学的でもあった）は、またルート1の道である見る道によっても旅をしたに違いないと私は思っている。少なくともシェークスピアは完全に意識してそうした。『しっぺ返し』という作品の中で、彼は「私たちが自分の『ガラスのような本質』を見逃し続けるかぎり、私たちは怒れるサルのように行動する危険がある」と警告している。その「ガラスのような本質」の別名は私たちの中心の透明性ということである。

この時点であなたは、私たちのほとんどが巨匠はおろか、どんな芸術のマスターでもないことを私に思い起こさせるかもしれない。本当である。しかしだからといって、ルート4が普通の人たちに閉ざされているわけではない。まったくそうではないのだ。ここに私の要点を説明するもう一つの本当の話がある。

時は一九六四年にさかのぼって、私はロンドンの近くでおこなわれた仏教スクールの夏季講習で、見るワークショップのようなものをやった。「見た」参加者の一人に、ロジャー・グンター・ジョーンズと自己紹介した男性がいた。翌日、私と庭を散歩したとき、彼はある種のバラの輝きに驚愕し、それらはどこの国から輸入されたバラだろうかと思ったようだ。しかし、歩いていくにつれ、他の花を眺めたときも同様に驚くほど美しいことを発見する。それはまるで、ロジャーの世界のすべての色が突然爆発して歌になったようなものだった。そして、この話には楽しい結末がある。スクールからの道を下ったところに業務用のゴミ捨て場があり、むきだしのゴミからはひどい匂いがただよっていた。その週の後半にそこで、古いカンや壊れた家具、瀬戸物、まるめられた汚い新聞紙などを熱心に眺めいっているロジャーに私は偶然出会った。彼はそこに立ちつくし、目に映る展示されたすべてのパターンと配色の適正さと必然性、そのまったくの完璧さに魅了されていた。こういった行動や感情は、退役した陸軍将校であり、大使館員である人間から期待できそうなものではまったくない。

真実はと言えば、成長の一部分として、私たちが鏡の中の頭を(ぴったりと合う向こうの他人の肩の上に残しておく代わりに)、ここの自分自身の肩の上に押しつけるという馬鹿げた、しかし仕方のない間違いを犯すとき、そのことが見るすべてをぼやけさせ、不鮮明にし、そして歪めてしまうのだ。そして、成長するときに失った楽しい明るさと輝きを再発見する唯一の方法は、今まさにこの瞬間、それを何が受け取っているのかに注意の向きを回転させ、輝きを見逃していた皆の邪魔をするほこりさえもここには残っていないのを見ることである。もちろん、子供のように世界を楽しむことが、言葉や絵や音の創作を祝福することとは明らかに異なるのは認めよう。しかし、それはそれ自身のやり方で偉大であり、本当に深く創造的であり、あなたが間違って思うような受身な出来事では決してないのだ。そして最終的には、もしあなたが美の王宮それ自体に居住したいならば、これは**必要不可欠**なことである。

だから、もしあなたが何かの芸術を実践する人、つまりルート4の旅行者ならば、他のルート、特にルート1でもできるだけ頻繁に旅をするようにしてほしい。そうすれば、あなたはさらにいい芸術家、自分が取り組んでいることを見ている者になれるだろう。あるいはもしあなたが自分を芸術家ではないと考えているなら、私は次のことを言いたい。ロジャーの場合と同じようにルート1を旅程に付け加えれば、あなたは世界の中心で信じられないほど美しい場面――ゴミのかたまり、古い壁のシミ、庭の小道に散らかる落ち葉など、無限の創造に多忙な芸術家との融合を楽しむ**芸術**

**家である。**

あなたは他の三つの帰郷ルートを苦しめてきた障害と比較しうるような組み込まれた障害を、ここで私がまだ発見していないことに気づいたかもしれない。ルート4を査定すると、反対意見より賛成意見がきわめて多い。これは驚くべきことではないとしても重要なことであり、私たちの環状交差路、幸運のクローバー型立体交差点において、この道に名誉ある地位を与える最大の理由の一つである。

ルート4に関して私が思いつく最悪のことと言えば、その使用者は自分自身と、ときにまわりの人たちに困難を与えるということだ。たとえば、モーツアルトのように。しかし、それがどうしたというのだ？　彼の音楽は神について、宇宙について、そして私自身について、他の方法、他の言語、他の人間では語りえない何か本質的なことを私に教えてくれる。

## 結論：クローバー型立体交差点

私たちの仕事はコンパスを箱に入れて、自分たちが一人ひとりのやり方で、どの道でも旅できるように成熟することである。私は皆さんがあの有名な聖者、ラーマクリシュナ（インドの神秘家・聖者。一八三六〜一八八六）を自分のモデルにしないでほしいと思ってはいるが、しかし彼は四つのルートをきわめた魅力的で啓発的な例を実際に提供している。彼は六歳（六歳である！）のとき、嵐で暗くなった空に白い鳥が飛ぶ美しさに圧倒され、数時間意識を失った。そして彼の短い生涯の終わりまで、音楽の断片や形や色の偶然のパターンが同じような影響を与える傾向があった。二十歳になると、片手で宇宙を創造し、もう片手で破壊する宇宙の黒い母カーリーを奉る寺院の僧侶になった。この人目を引く形態の女神に対する彼の献身は絶対的なものだった。ある日、トタ・プリと呼ばれる裸の聖人が寺院にやって来た。トタ・プリは彼を母なるカーリーから形なき神へ引き離すという困難な仕事を達成するために、ガラスの破片をこの若い僧侶の額に打ちつけ、これに瞑想せよと命じた。今度は、彼は何日間も意識を失い、気づいたときにはもはやカーリーの献身者ではなく、名もなく言い表せないすべての源泉の献身者として現れたのであった。帰依者が**見者**になったのである。私たちの用語で言えば、彼はルート4、ルート2、そしてルート1を旅したわけである。では、ルート3の奉仕の道はどうなったのだろうか？　ラーマクリシュナが設立した僧侶の共同体の際立つ特徴の一つは、あらゆる実際的なやり方で、苦しむ世界に愛のある奉仕をすることに他ならない。というわけで、コンパスは箱詰めされ、車輪は一回転し、動いている車輪のスポークは静止した中心点に集まったのだ。

私が若い頃、「故郷への道を私に教えてください」という人気の歌があった。歌っていたのは、イギリスの俳優でコメディアンのスタンリー・ホロウェイだったと思うが、彼は当時、酔って演奏していた。私は彼に言って上げたい。たとえどれほど酩酊していたとしても、彼は正しい考えをもっていたと。私たちの大部分はあまりに盲目的に酔っ払っていて、自分がどれだけ故郷から遠く離れて放浪しているかに気づいていない。迷い犬とは違って、私たちは自分が道に迷っていることさえ知らないのだ。私たちはあまりに酔っ払っていて、故郷とは夜に忍び入る壊れた箱だと思っている。そして、実際に自分の本当の故郷に向かう私たちの多くはほろ酔いなので、そこに行くにはたった一つの道、つまり、もちろん**自分たちの**道しかないと想像している。さて、しらふになって、私たちの幸運のクローバーを充分に活用し、あらゆる側から故郷へ集まり、故郷に到着し、故郷を楽しみ、そしてついには私たちが決して一度も離れたことがない王宮に居住しよう。

# 第5章　三つ叉の鉾

Trident

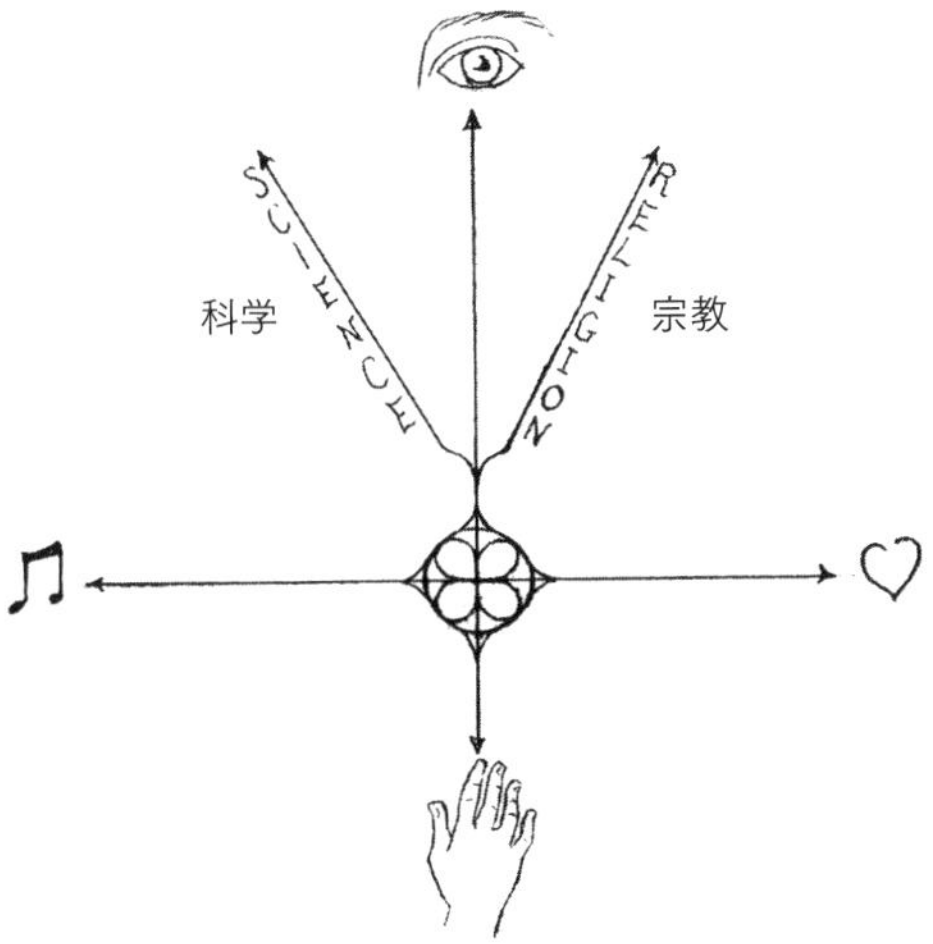


前章では、私たちが決して本当には離れたことがない場所である故郷への四つの道、見者の道や献身者の道、奉仕者の道、芸術家の道を描写した。しかし、私たちを道の大部分、いやほとんどの道へ連れて行ってくれる他の重要なルートがある。私は特にここで、様々な自然科学を含む科学と様々な宗教的信仰を含む宗教について言及している。

このイラストは、これらの追加のルートがどのように私たちの交通システムに合うのかを示している。これらはルート1、つまり見者の道と関連し、それに流れ込んでいる。この章では、科学と宗教が私たち自称見者をどれほど目標へと連れて行ってくれることができるのか、それらが私たちの方法をどれほど簡単にしてくれることができるのかを見ていくことにしよう。

「ところで、それは何の目標ですか?」と、誰かが尋ねるのが私には聞こえる。短いが、あまり役立たない答えは、「私たちが到着するまでは、あまりはっきりとは考えられず、まして認識もされず、楽しまれることもない目標」である。

もう少し長く、励ましになる答えとは、私たちの生とすべての生の意味の発見、私たちが今いるところでの私たちの本当の姿の明確なヴィジョン、そして怖れ、強欲、憎しみ、妄想からの解放、私たちの最も内奥の資源を発見し活用すること、平和の達成、私たちの源泉と意識的に融合すること、そして故郷へ帰ることなど、暫定的に列挙できる目標である。しかし必然的に、目標中のこの目標を推測的に予告することは、数が多く、複雑で、言葉が多く、その本質を間違って覆い隠すことにもなる。これはロバを前に進めさせようとして、その鼻先に美味しいニンジンの束をぶらさげるも同然である。現実というものは、私が今列挙したすべてのビタミン(それは生きたパンとまさに生命のワインと呼ばれてきた)をなぜか全部含んでいる滋養ある食物であり、これから見ていくとおり、唯一で単純であり、言葉が要らないものである。

私はここで、これらの追加の二つの道がどれほど役に立ち、どれほど私たちの目的によく合っているのか、そして私たちの見る道がそれらにとって必要な迂回の道であり、お互いを和解させ、溶解させるのかを示したいと思っている。そうすれば、この三つの道は勝利の旗をもっての故郷への到着となる。では、始めよう。

## 科学の道

宇宙は大きな世界なので、私たちは簡単に道に迷ってしまう。そして、科学が私たちに手渡してくれる特別な贈りものは、故郷への道の広範囲で充分に詳しい地図である。

それは人間を構成しているもの、つまり人間の細胞、分子、原子、粒子などの成分という人間の中に含まれているものへの道、人間から下っていく道を示している。また科学は、人間がその一部であるもの、つまり惑星地球、太陽系、銀河系などの彼の環境という、人間がその中に入っているものへ上っていく道も示している。私たちはここで一人ひとりが、自分より上の全体の一部であり、また自分より下の部分の全体である階層をもっている。下方に向かって読むと、それが何

でできているのかを見ることが、すべてを細かく切り裂く。上方に向かって読めば、それらが何を構成しているかを見ることが、断片をすべて引き寄せまとめる。

では、この地図を少し違ったふうに見てみよう。遠くから私に近づいてくる偏見のない観察者にとっては、私は最初、銀河系と呼ばれているこの光り輝くうずまきに見え、それから星々の一つ（成長した星、私たちの太陽系の太陽）に見え、それからその惑星の一つに見え、それからその上の居住者に見え、それからさらに下って分子の領域、そしてその構成要素であるクォークに見える。

観察者にとって、私はこれらすべての地域的外見、つまり中心におけるこの神秘的現実のすべての地域的現象であり、その中心の現実が、この驚くべき展示を引き起こしている。そして、私が親指を立てて、観察者といっしょに私に至る観光旅行を共有するのは何と幸福でワクワクすることだろうか。あるいは、「観察者といっしょに私の中を通って、私に至る旅行をする」と言うべきだろう。

さらに、科学がこれほど寛大に私に提供してくれている、私自身のこの地図を読むもう一つの方法がある。それは、「人間はこの人間であるために、そもそも存在するために、何を**必要としている**のか？」といった質問をし、それに答えることである。もし彼の細胞人口がなかったら、つまり近づいて調べてみるとき、人間は何十億という生き物たちであるとわかるわけだが、人間がやっているると主張していることに実際に従事している生き物たちがいなかったら、人間とはいったい何だろうか？　そして、細胞をさらに一つひとつ調べてみると、それらは何十億の分子の奉仕者であることがわかるが、この何十億の分子の奉仕者がいなかったら、これらの謙虚で驚くほど能率的な細胞奉仕者たちは、いったい何だろうか？　そして、さらに下へ下へと続くのであるが、いったいどこまで続くのだろうか？　それが質問の半分である。そして、上はどこへ続いているのだろうか？　これがもう半分の質問である。もし地球上の他の人間がいなかったら、空気、水、土、動物、植物がなかったら、この特別な人間とは何だろうか？　彼は太陽や自分の宇宙なくして、どれほど生存できるだろうか？　そして、誰かがあなたに、「自分は生きている」と言うときは（ありがたいことに、自分がきわめて健康であるときは言うまでもなく）、その人は知らずに、「私はその生命が分割できない一なるものである」と、あなたに告げているのである。

実に、これはいい地図であり、その使用者の利益と必要性に対応している。私たちの本質と成り立ちを教えてくれる、これほど詳しく多様でミシュランのガイドブックのようなこの地図に、私たち人間は何と感謝すべきことだろうか！　五百年前はそれは不可能だったし、百五十年前は不完全で任意のものだったが、今やそれは必要不可欠なものである。

しかしもちろん、すべての地図同様、それは省略も制限もあり、誤読され、誤使用される可能性もある。確かにそれは無視される可能性があり、実際に無視されている。驚くべき真実はと言えば、ほとんどの人がこれを真剣に心の底から考えず、それが自分自身に**個人的に**当てはまると認めないことである。「それは当然、他人には当てはまるが、私には当てはまらない」と、いわゆるホモサピエンス〈訳注：ホモサピエンス〈人類〉は元々、「知恵あるヒト科生物」という意味〉は口にはしないが、実際は思っている。**人間は科学が自分の非科学的必要性や欲望に役立つときだけ、それを信じるのだ。**人間が事実からいかに目をそむけるかについての多くの例の中から、非常に小さい例を一つ紹介しよう。子宮の中で何が起こるのか、胎芽と胎児がどのようにして受精卵から成長するのかについては人はおおまかな本の知識をもってはいるが、しかし、人は**人生で一度でも自分がかつてはほとんど目に見えない一つの細胞であり、お昼に食べたアシブトコナダニ〈腐ったチーズの中に見られる〉よりも生物学的に地位が非常に劣っていた**という事実を理解するだろうか？ あるいは、今でも自分はその元々の細胞の拡大家族からなる歩く動物園であることを理解するだろうか？あるいは、もっと詳しく調べれば自分は雲よりも実体がないということを認識するだろうか？ あるいは、**自分の貴重な手足とは違って地球や太陽は、彼の本当の体にとって絶対的に必要なものであるという感覚をもっているだろうか？ これらに対する、そして似たような多数の質問に対する答えは、「いいえ」である！ 人は絶対に同意しないのだ！ 人は前科学的であり、少なくとも科学時代よりも五百年ほど遅れている。人は批判されるとき、「私は結局人間にすぎませんから」と言って、自分の前科学性を証明することだろう。それは完全にバカな振る舞いがオリンピックの金メダルに価するという宣言でもある。

それゆえ、科学のルートを通って私たちの目標中の目標や、私たちを解放してくれる真実へと導く道の交通量が少ないのは、現状では当然である。

この無視には、さらに二つの理由が追加されるが、今度はそれほどバカバカしいものではない。最初の理由は、私たちの地図で示されるように、この道は始まったときと同じく疑問符付きで終わるということである。それは困難で霧がたちこめた領域へ突入する。旅行者は細胞の詳細を写真にとり、美しく複雑な分子モデルの移りゆくスナップ写真をとることができる。しかし、彼が原子や粒子のところまで来ると、次のような警告を発見する。「立ち入り禁止。数理物理学者以外には閉ざされた道」。これらの辺鄙《へんぴ》な地域からの矢印信号といったお知らせは、人を元気づけるものではない。どんな科学者も、宇宙生成の究極の原因とその成分、そしてすべてのものの最終構成物質であるクオークより小さいもののまたそれより小さいものを、自分は確かに解明したと言うだけの勇気はない。これらの専門家の発見は尊敬に価するが、しかし決して全員が一致することなく、常に様々なものが混じり合っている。

なぜスピリチュアルな旅行者(私やあなたのことをあえて名づけるとすれば)が待ち焦がれた故郷へ向かうのに、科学の道で行くことを嫌悪するかという二番目の理由は、歴史的なものである。科学は長い間、宗教の敵として勝ち取ってきた名声がある。科学の主要な進歩のすべては、宗教的権威が最も大切にしてきた信条と激しく戦って勝ち取ってきた勝利である。その応用については、だいたいの見当で言えば、その半分は科学の誤用であり、その範囲はヒロシマからヘロイン、ジャンクフードから今何を所有すべきかを告げるジャンクメールまで（そして、そういった所有物はすぐに私たちを所有し、奴隷化し続けるだろう）無限にリストは続く。

そのため、スピリチュアリティが科学を警戒するのも当然である。それにもかかわらず、私は自分に尋ねる。その乱用と現在に見られる状況は別にして、証拠を前にした謙虚さと、どれほど好意的でなくショックであれ、真実への敬意をもった純粋科学とは何だろうかと。その道徳的価値について、一番退屈でない哲学者、ウィリアム・ジェームス（アメリカの哲学者・心理学者。一八四二〜一九一〇）は次のように書いている。「人が物質科学の素晴らしい堂々とした体系に目を向けて、それがどのように打ち立てられたかを見るとき、何千もの無私の道徳的な人々の人生がそのまさに土台に埋もれているのがわかる。つまり、どれほどの忍耐と遅延、どれほどの自分の好みの我慢、どれほどの客観的事実の冷徹な法則への服従がそのまさに土台に埋め込まれているのか、そしてその広大な威厳の中で、それらが何と絶対的に非個人的なものであるのかがわかるのだ。そして自分勝手に作った観念を吹聴し、自分の個人的夢から物事を解決するふりをするあらゆる卑小な感傷主義者たちが、何と愚かで軽蔑すべきものに見えることだろうか。困難な科学派に育った人々が、自分たちの口からもそういった主観主義を吐き出してみたいという気になったとしても、私たちは驚くべきだろうか？」

以上のコメントに対して、私たちも以下をつけ加えよう。「世界的に同意されているあらゆるレ

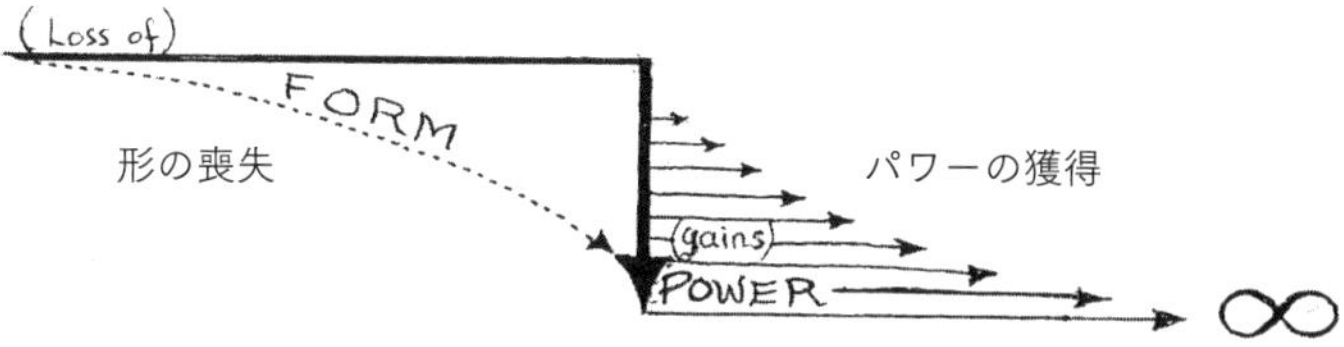


ベルでの現代科学の発見を非難したり、あるいはそれらに直面し、喜んでそれらを理解することを拒否するスピリチュアリティは、哀れであり、死にかけた偽物のスピリチュアリティである」。反対に科学的発見の中に、豊かで貴重な私たちの時代への神託と、私たちの残念な状態の治療に必要なものを発見するスピリチュアリティは、生き生きとして、かっこいいものである。確かにこの道は欠くことができないものとなった。科学のおかげで、静かな晴天の天候の中で、私たちは自分の故郷の景色を遠くから時々見ることができる場所へ行くことが可能だと言うこともできるだろう。科学はその扉が何に開かれているかということについては沈黙しているが、その重要性、その行方、特にそのパワーについてはこれ以上雄弁になれないくらい雄弁である。

私たちが宇宙的階層を下っていくにつれて、形の喪失はパワーを得るということを意味している。

細胞はそれ自身のレベルでたくさんのエネルギーを詰め込んでいて、分子はさらにそうである。TNT（トリニトロトルエン）爆弾は原爆ほどパワフルではないし、原子爆弾は水素爆弾ほどパワフルではない。これらは汚れた装置であり、もちろん科学の誤用である。しかし、私たちの本当の目標であるゼロ爆弾はまったくクリーンでパワフルだ。科学それ自体に欠けているのは、この目標中の目標である。

高等数学という虹の霧に覆い隠された故郷の遠景は充分とは言えない。私たちは到着することに熱中している。ここで今、私たちが投げかける質問は、「科学が失敗したところで、宗教は成功することができるだろうか？」だ。宗教はこれらの霧を吹き飛ばし、故郷の扉への道を切り開くことができるのだろうか？　それはその扉の鍵をもっているのだろうか？

## 宗教の道

もし私たちがここで、宗教の名でとおっているもの、つまり社会的現象としての宗教、その大多数の信者たちによって述べられ実践されている宗教、日々マスコミで叩かれている宗教へ助力を求めるとしたら、私たちは確かに空しく探求することになるだろう。そんなことをすれば、霧が晴れるどころか、汚染とあいまいさを積み上げるだけである。その歴史について言えば、他のどんな人間の企てよりも、宗教は非人間性、利己心、まぬけさ、恐怖、誤謬《ごびゅう》に一番責任を負ってきた。

しかし、これは最上を隠している最悪のケースである。世界の偉大な信仰に共通しているものは形而上学——知恵、スピリチュアリティ、秘密、そしてしばしば残酷に抑圧された教えである。それらによれば、あらゆる見かけとは反対なことに、あなたや私とすべての生物は、中心では生物ではなく、その創造者と同一である。あらゆる存在のその核には、存在そのもの、名前なき一なるものが潜んでいて、その呼び名はアートマン－ブラフマン、仏陀、タオ、神、内在するキリスト、聖霊、アラー、現実、意識、すべてである何でもないものと多岐にわたる。

この形而上学は、私たちに名前なき一なるものについて二つの貴重な情報を与えている。まず、私たちは正確にそれが**どこ**にあるかを教えられ、そして私たちがそれをついに追跡するとき、正確にそれが**何で**あるのか、正確にどうやってそれを認めるのかを教えてもらえるのだ。

ムハンマド（イスラム教の開祖。五七〇年？～六三二）によれば、それは私の首の血管よりも私に近く、テニスン（イギリスの詩人。一八〇九～一八九二）によれば、私の呼吸、私の手足よりも私に近い。何よりもずっとずっと近いと、自分がしゃべっていることをわかっている人たちは皆言うのである。私がそこから見ているその起源の地点、私がそこからやって来たその起源の場所、ハーディングが私であるよりもはるかに**私**である中心地点、これが故郷であり、聖なる国王の王宮だと、世界の偉大なスピリチュアル・マスターたちは言っている。実際、**彼**はまるで、高い天国にある冬の王宮と私たちのハートにある夏の王宮という二つの王宮を所有しているかのようである。それは上のどこかにいつかあるということではなく、まさに今ここで、私は**彼**の威厳ある存在への入場を求めなければならない。

**彼**の居所についてはそのくらいにして、今度は**彼**がどんなものなのか、**彼**の目立つ特徴について述べよう。私はそれらがどんなものか知らないといけないが、それは次の理由による。仮に私があなたに、「私は庭で宝を失ったが、でもそれがどんなものか記憶にない。どうかそれを探すのを手伝ってほしい」と言ったなら、おそらくあなたは私を笑うことだろう。同じように私は、自分が求めているものの手がかりもなく神を探し求める人々を笑ってしまう。しかしながら幸運なことに、永遠の形而上学、偉大な宗教を支持する秘密の知恵は、聖なる王の素晴らしい合成肖像、完全な六面体の型を発見している。

1、**彼**には境界がない。

2、**彼**は空っぽである。

3、そして、それゆえに不滅である。

4、しかし**彼**は満たすために空っぽであり、すべてを包含する。

5、**彼**は広く目覚めている。

6、**彼**は世界の不動の動かし手である。

科学は私たちに素晴らしい地図を提供してくれたが、私たちを悩ませる疑問がその両端にある。さて、宗教はこういった疑問を取り除いてくれた。それはクオークの下にあり、そして銀河を越える不思議を正確に私たちに描写してくれた。宗教はこれらの夏の王宮と冬の王宮の居住者をどのように認識すべきか、まさに私たちに語っている。それはもうこれ以上具体的に語れないほど具体的である。失われた宝がどんなふうに見えるのか、私たちが世界の庭で何を探しているかを知らないふりをすることは、もはやできないのだ。これは福音である。

しかしそれについての一番いい知らせさえ、**それ**ではない。細かく述べることは、どれだけ正確で詳細であっても、その建物の代わりとはならない。地図はその領域ではなく、一番すぐれた警察の道具セットでさえ罪人に手錠をかけることはできない。あなたはすべての聖典を暗記できたり、自分が骨皮になるまで、肉体的精神的苦行をすることもできたり、王国実現まで私たちの六つの条件について瞑想できたり、バケツいっぱいの信仰をもつこともできる。だが、こういったすべては、**彼**を見ること、**彼**であることからは何百万マイルも離れている。

**真実はと言えば、宗教それ自体は信仰と希望と善行に関するもので、至福直観**（訳注：神学用語で、人間が神を知る一つの様態）**についてではない。宗教の仕事は目に見えないものを信じ、信頼することである。**ヘブライ人への書簡の中で、「私たちは見えないものへの信仰をもたなければならない」と述べられている。コリント人への二番目の書簡では、「目に見えるものは一時的であるが、目に見えないものは永遠である」とある。だから、私が言っていることは、もちろん信仰と希望と善行が重要でないという意味ではない。もちろんそれらは非常に重要であるが、それらがヴィジョンを排除する場合には問題が生じ、実際に様々な問題が発生する。

最初の問題については、私はすでに触れた。料理について考えることが私の夕食の代わりとはならないように、真実への信仰と希望は真実の代わりとはならない。二番目の問題は、私の経験によれば、見ることは信じることではあるが、信じることは見ることではないということだ。信じることはただ信じることであり、希望的思考への信頼の喪失、疑い、警告的信号がたびたび起こるのを免れない。遅かれ早かれ、私は自分が疑いえるものを疑うようになるのだ。宗教における表面上のよいことは、高額な値札をぶらさげてやって来る。偉大な信仰のまわりに打ちたてられている無数の神話、大げさな話、ねじくれた理論、奇妙な修行などは、選択できる余分なものとして扱うことができず、真剣に受け止めるか、捨てるかのどちらかであると人々は言う。私の本能は、それらを捨てたってたいして後悔はしないだろうと言っている。最後の問題は、最悪のものである。自分がいるところの自分の本質を見ることに対するあらゆる抵抗の中でも、一般的に言って、宗教が一番の難敵である。確かにそれは私の仕事に困難をつけ加えている。概して、熱心で献身的なキリスト教徒、仏教徒、イスラム教徒といった宗教的人々が私のメッセージを一番嫌っている。

神性は私たち一人ひとりに内在すると宣言する永遠の形而上学は、それ自身からあらゆる宗教的罠と装飾、すべての偶然、重要でないことをふり落とし、ただその単純な偉大さの中で明晰で飾り気がない。しかし、遠慮なく言えば、**永遠の形而上学は宗教ではまったくない**。あるいは、それは一般に理解され実践されているような宗教とはまったく別の、形而上学的宗教である。言い換えるならば、それは私たちを目標へと導く宗教的な道ではなく、見る道である。それは自分が見るものを見ることであり、宗教が私たちに見るように命じたり見ることを禁じたりすることによってではなく、自分が見るものによって勇気をもって判断することである。それは私たちに純粋科学を与えたのと同様の証拠を前にした妥協なき謙虚さである。

## 見る道

あなたと私が、私たちがそこから見ているその起源の地点を指差し、それが以下のような特徴をもっているのかどうかを見るときがやって来た。それは初めてかもしれないし、そうでないかもしれない。

1、境界がない。
2、空っぽである。
3、そして、それゆえに不滅である。
4、しかし満たすために空っぽであり、すべてを包含する。
5、広く目覚めている。
6、「あなたは風景の中を動いている」と人々が言う、その

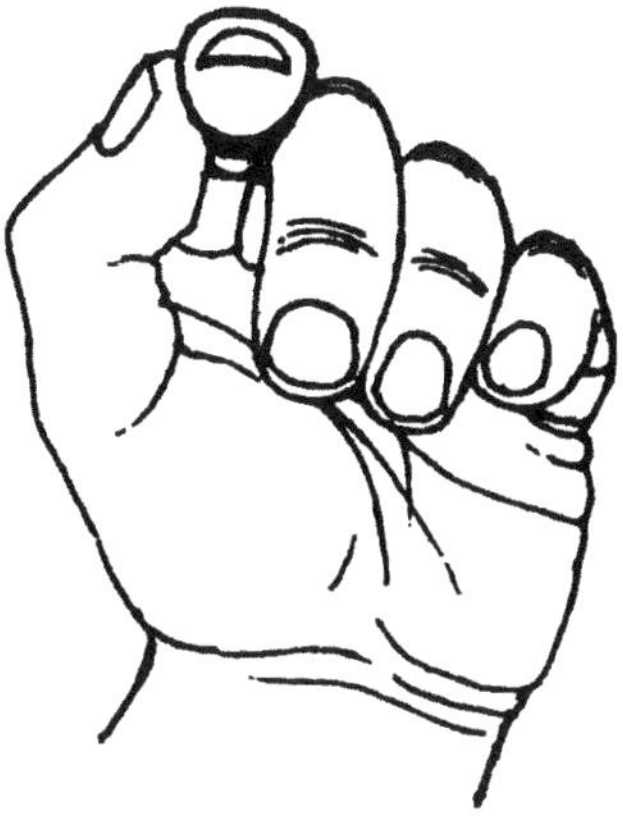

風景の不動の動かし手である。

仮にあなたが指差しと見ることを実際おこない、何が動くのかを見て（ただそれらについて見るだけでなく）、そして自分が明確に見たものを真剣に心から受け止めるなら、あなたは故郷への自分の道を見たのであり、この章の最初で私たちが概略した目標への道をすべて進んだのである。心からおめでとうと、私はあなたに申し上げたい。

しかし、私からはすぐに次の三つの補足説明を追加しなければならない。

第一に、このヴィジョンは本質的に、実際のところ興奮するようなものではないということである。宗教的な道に従った少数の人たちが享受しているあの有名な、しかしまれにしか起こらず予想できない頂上体験とはきわめて対照的に、それは谷の経験であり、地味でまったく控えめなものだ。そして、それはただ単に見るためのものであり、理解したり、ある状態にしたりするためのものではないので、私たちの気分や状況にかかわらず、それはいつも求めればそこにある。それが神秘体験とはまさに正反対であるという事実のおかげで、それは最も必要なときに、最も簡単に手に入る。

そして、そのことは私を二番目の補足説明へと導く。あなたと私は非常に短い間ながら、六面体の神を見た。これから私たちは、そのヴィジョンを安定させる必要がある。それが続いていた間、それは本物であり、神の下手な、あるいは部分的なヴィジョンではなかったのだ。神というものは、完全に見られているか、あるいはまったく見られていないかのどちらかである。しかしながらこれは、スピリチュアルな生活の終わりではなく、始まりなのだ。このヴィジョンは練習に練習を重ねなければならない。それは雑用ではなく、楽しい練習であり、私たちはそれを怠るどんな言い訳ももっていない。私たちはどこを見ればよいか（すなわち、まさにここ）、いつ見ればよいか（すなわち、まさに今）、そして、どうやって見ればいいのか（すなわち、初めてであるかのように）、そして、なぜ見るのか（すなわち、このヴィジョンを見逃すことは自分の正体を見誤ることであり、空しく生き、空しく死ぬことになるから）を知っている。

そして、このことはさらに私を三番目の補足説明へと導く。もし私たちがその宣伝されている恩恵、つまり平和、喜び、愛、自由、創造性などをいつの日か享受するためにこの至福のヴィジョンを練習するとしたら、あまり大収穫は期待できそうにない。一方、私たちがただそれ自身のために、刈り取るための斧をもたずにそれを練習するとすれば（というのは、驚くべき真実から生きることは、社会的に強制された嘘《うそ》から生きるよりも魅力的な提案であり、より意味のあることなので）、私たちは神のよき時間の中で私たちすべてを待っている、求められず、そして想像できない贈りものを得る可能性がずっと高い。事実、無限の気前のよさをもって提供されている本当の贈りものとは、贈りもので膨らんだ神のショルダーバッグではなく、神それ自身である。

最後に、科学と宗教の道の改正や調和、完成としての見る道について、少々つけ加えることが残っている。

私はかつて『第一人称の科学』という本を書いたことがあり、それは第一人称の科学（つまり、見る道の別名である）が、通常の科学の暗部に光を投げかける七つか八つの点について言及している。その七つか八つはすぐに三十七にまで成長してしまった！　まあ、私の言葉を信じるよりも、あなた自身でその本を読んでもらったほうがいい。

私たちがすでに見てきたように、多くの人間のみじめさは、お互いから孤立している科学と宗教の両方に責任がある。そういったみじめさは、それらが見る道の中に入って来て、お互いが補足されることによって唯一緩和されうるだろう。

科学、宗教、見る道の統合は、伝統的宗教が大切にしてきたすべての他のよきもの、美しいものといっしょに、信仰、希望、善行を支持し、実現せざるをえない。またその統合は、長年積み重ねられた宗教の山のようなゴミと汚濁を清浄にせざるをえない。

# 第6章　平凡な人を抜け出す

もしあなたが神の王座に着いたなら、
天の御者があなたの馬車に乗り込んだなら、
あなたの全魂が霊的な目となり、完全に光となったなら、
あなたが聖霊の天の食べ物で養われ、生命の水を飲むようになったなら、
そして、ついにあなたの内なる人間がこれらのすべてを経験し、豊かな信仰に根づくなら、
そのときには、見なさい！　あなたはすでに永遠の命を生きているのであり、
あなたの魂は主とともに安らいでいる！

伝マカリウス（四世紀）

あらゆる生き物はそれ自身、非常に特別である。宇宙秩序の中で、あなたは自分自身の重要性、

創造性、ユニークさの唯一の生まれながらの守護者の役割を任命されてきた。この生存に不可欠な役職は真剣に受け止めるべきであって、否定したり、わきによけたりすべきものではない。これは直面し、どうにか対処すべきものである。

問題は、もちろん大勢の他人がいて、彼らの役割はあなたの重要性、創造性、ユニークさを挫折させ、否定するように思えることである。彼らは何と頑張ってその仕事に献身していることだろうか。私たち人間は、この苦痛に満ちた矛盾、この自分自身対他者という根源的問題に非常に深く気づいている。そして、私たちはこの問題に対処するための四つの方法、上への道、下への道、上下への道、抜ける道を考え出してきた。

ここで、今列挙した順番で説明してみよう。

## 上への道

勝つことや、他人がやっているよりもうまくやることで他人に先んじること、何とかして他人が失敗したところで成功すること、これらは私たちの誰もが避け難い努力である。何かを達成することは誰かよりもすぐれることであり、もしおもちゃが私のものだとしたらそれはあなたのものではなく、私が競争に勝つことはあなたがそれに負けることを意味し、私が生計を立てることは皆のお金をいただくことである。そうすることでのみ、私は成長し、誰が何を所有しているのかが明確でなければならない非常に厳しい競争社会の一員になれるのだ。

勝ちたい、輝きたい、他人よりすぐれたい、それほど特別でない人たちの間で非常に特別な人間になりたいという衝動は、私たちが成長するにつれて、当然ながら数多くの挫折と失望を経験させる。遅かれ早かれ、**あるときは勝ち、あるときは負ける**が嫌々ながら私のモットーとなる。それさえ、ただいずれもっと大きな悲しい挫折が取って代わるだけなので、**私はそのモットーすら受け入れることができない。**

すべてを平等にする死が私たちのすべての勝利を奪い去る前であっても、死は私たちが人生で勝ち取ってきたものに冷たく触れる。どれだけの豊かさも、どんな分野の達成も、当然自分に与えられるべきだと私たちが信じている重要感を、決して充分に与えられるほどではない。とうてい足るものではない！　私たちが獲得したものの所有や保持にはほとんど楽しみがなく、それを管理することは多大なトラブルがつきもので、失うことは多大な苦痛を伴う。実際、「成功ほどの失敗はない」という言葉には意味がある。

人々の中にはこの事実から、「失敗ほどの成功はない」という言葉が、実際には意味があるという結論に至る者がいるのも理解できることである。そういった人たちは下への道を選ぶ。

## 下への道

この道は次のような方向にそって、自分の主張の正しさを主張する。「なぜ自分が決して勝てない、がむしゃらな競争にわざわざ入っていく必要があるのだろうか？　事実、私は特別なネズミであることはおろか、ネズミであるふりをすることからも身を引く。私は誰でもないものである。これは（いつも非常に謙虚な）ユーライア・ヒープ（イギリスの小説家チャールズ・ディケンズの『デイヴィッド・コパフィールド』に登場する偽善的な人）が言っているのではなく、道徳的またはスピリチュアルな名に値する修行を実践している者なら、誰でも言うことである。その修行には、非常に困難な『謙虚』の育成も含まれなければならない」

この道はいわゆる聖人のためだけにある道ではない。ある程度、私たち聖人ではない人のためでもある。「より高く」という奇妙な旗を掲げ、たえず上り、常に前途有望な人間であることを主張すること、これは自己敗北的であり、病気であり、最後には致命的である。事実、上への道を完全には避けられないのと同様に、私たちは下への道も完全には避けることができない。それぞれの一部は、正気であることの代償である。人生は私たちがそれらを交互に繰り返すように配慮している。

しかしどんな場合でも、謙虚さを意図的に練習することはきわめて馬鹿げている。なぜ私はそんなことをするのだろうか？　この唯一の正直な答えとは、つまり特別に謙虚になること、あなたよりもずっとずっと謙虚になることである。もちろん私は非常に謙虚なので、あなたにそれを自慢することはしないが、しかし謙虚であることを自分自身に自慢することはほとんど避けられない！私は自分の謙虚さを誇りに思わずにはいられないのだ！　私の優秀さと重要性を主張することをやめるどころか、私は衰えない熱情でそれをあらゆるところで――上ではなく下で――求め、しかも、より不正直に自己批判しながら、そうするのである。そして、すべての企ては滑稽であることを露呈する。事実、どんな聖人も一なるもの（その存在の中ではすべての見せかけは煙となって消え去る）から離れて、別の訓練として謙虚さを練習することはない。

しかし、この章、そして本書は、聖人についてではなく、あなたと私について、私が「上下する人々」と呼んでいる人たちについての本である。

## 上下への道

半分の時間は、私が望んだとおりに物事は起こり、私は人生のゲームに勝っていると感じる。そしてもう半分の時間は、物事は私の望むとおりには起こらず、私は人生のゲームに負けていると感じる。ヨーヨーのようなこうした生存は快適なものではなく、多くの不安を引き起こす。もちろん私の悩みは、私は特別であり、勝つに値するという自分に組み込まれた確信がある一方で、他人からは私はまったく特別でなく、いつも負けるに値するというメッセージが来ることから生まれる。
その構図は不愉快で病的であるが、それでも一応きしみながらも、何とかそれでやっていくのである。社会集団や、どのような組織、企業であっても、その一人ひとりの有能なメンバーはどれほど地位が低かろうが、自分の特別さ、重要性、そして必要不可欠さを密かに確信しているものであり、それが集団としての全体に貢献するのである。私の仕事が床を掃除することだとして、その仕事と私の仕事のやり方やその床の状態はすべて非常に特別である。それらは私であるところの中心のまわりに展開する。しかしもちろん、それも上になったり、下になったりする事柄である。私はその仕事を嫌って雑にやる日もあれば、そうでない日もある。私はめったに不安から、病的不安から解放されない。

神経症的な不安に加えて私たちは、ハリー・スタック・サリバン（アメリカの精神科医、精神分析家。一八九二～一九四九）が指摘したように、彼が「生存不安」と呼んだ別のもっと根源的な不安にも苦しんでいる。どれほど無視し抑圧しても私たちの中には、自分はこの巨大な宇宙の中で最もはかない点にすぎず、仮に人生に何らかの意味があるとしても死と忘却がそれを無にしようと身構えていて、自分の中心性と重要性への主張はたちの悪い冗談だという知識が潜んでいる。それで私たちはいつも究極の敗北に取り憑《つ》かれ、様々な程度の生存不安に支配されながら、上に行ったり下に行ったりして、混乱状態で生きてゆくのである。

しかし、これから見てゆくように、その人の状況や内在する異常さ、矛盾、結果としての不安に対処する第四の道が存在するという、いいお知らせがある。それはそれらに対する大きな改善であるが、人間的苦境を無視したり、否定したりすることではなく、それを明確に認めるという精神で、私たちはそれに向かうのである。

## 突破の道

厳密に言えば次に述べるものは、**唯一の道というよりも、突破する一つの道**である。それは自分がユニークであり、宇宙の中心であるという非常に深い感覚、世界はそれを鼻であざ笑っているように見えるが、この問題に対して提供されている数多くある解決方法の一つである。しかし、私が願っていることは、（他の突破ルートのいくつかとは異なって）これから述べる道は直接的であり、障害物がなく、交通標識が整備されていて、道中は全般にわたって楽しいものであり、私たちを目的地までちゃんと連れて行ってくれるのをあなたが発見することである。すべてはあなたが次の実験を喜んでおこなうかどうかにかかっている。今まで、あなたがそれをどれだけやったか、どれだけうまくやったかは気にしないように。私はあなたに、今回は決定的な違いをもってそれを再びおこなうことをお願いしなければならない。

この実験をおこなうには少なくとも四人の友人が必要で、その中の一人は次の指示を声に出して読み、他の人たちがその指示を誠実に実行できるように助ける。

### 実験パート1

一人ひとりに、中央に顔の大きさの穴のあいたカードと、それと同じくらいの鏡が提供される。

そのカードを軽く腕を伸ばしてもち、カードの穴がいかに**空っぽ**か、その空間が何と**不滅なもの**か（そこには滅びるようなものが何もない）、何と**時間がない**か（その中には時間を登録するようなものが何もない）に気づく。

それから、その空間がそこで展示されているあらゆるもの（たとえば反対の壁や窓、カーテン、さらにあなたの足など）でどれほどぴったりと**満たされ**、あの不滅の空間と滅びつつある一つひとつの中味が、どれほどぴったりと**融合している**かに気づく。

しかしながら、この充実対空っぽは三つの厳しい制限があることを観察する。それはカードによって境界を与えられ、きわめて小さく、あなたがいるここではなく向こうにあるということ、そしてそれは無意識である。

では、ゆっくりと完全な注意をもって、カードをまるでマスクのように顔につけることで、これらの制限を消去しよう。

そして、あなたがそうするとき、(i)カードが消えて、その中の空間が無限へと爆発し、(ii)空間がもはや遠くではなく、あなたがまさにいる場所にあり、(iii)それがあなたの中であなたとして目覚めるという真実の瞬間を眺める。そうすれば、あなたが眺めていた空間は、あなたがそこから眺める空間となり、その空っぽで、満たされていて境界がない不滅の空間はあなたであり、あなたの本質である。

さて、ではカードをできるだけぴったりつけたままで、あなたの友人たち——可笑《おか》しい友人たちを見まわしてみよう。現在の証拠にもとづいて、あなただけがその制限をもつ人間世界を抜け出し、制限も時間もない、そしてこれらの本質的な聖なる特徴の所有者としてそれ自身に気づいている不滅の充実―空っぽさに到達したことを見る。あなたの友人たちはカードでつっかえ、人間世界でつっかえているのに対して、あなただけが自分の神性へと完全に突破していることを見る。

仮にこの宇宙のすべての感覚ある生物をあなたの居間に詰め込んで、各々に穴のあいた適当なデザインのカードを提供して、あなたといっしょにこの実験をやるように説得しても、そのときでも、**あなただけがその小さな隠れ場所から開放された場所へと抜け出す唯一の存在だろう**。あらゆるモルモットのような生き物は、その穴の入り口で捕まえられ、それ自身の生物的特徴でつっかえている。しかし、あなたはまったく単独で、絶対的にユニークな一なるものなのだ！　そして、あなたの生涯にわたる自分の特別さ、中心性、重要性は予言以上のものだったのである。それは初めから完全に正当化され、ちゃんと根拠のあるものだった！

これで実験パート1を終わりにする。

まず最初に、あなたの心に浮かんだであろう深刻な疑いについての私の推測。私にはあなたが次のように言うのが聞こえる。「私にとって真実であることは、他の一人ひとりにとっても彼、彼女の経験の中で真実のはずである。あらゆる人がカードの向こう側に突破し、私が主張しているようなユニークさを主張することができる。したがって、このユニークさはナンセンスであり、主観的な間違った思い込みである。その上、究極の間違った思い込みのうぬぼれである！」

私たちの実験のパート2では、この反論を取り扱う。

片手でカードをぴったりと自分の顔にくっつけ、もう片手で鏡をもって軽く腕を伸ばす。

あなたは自分が今いるところから一メートルも離れていない鏡に見えるあのおなじみの人物が、無数の他のモルモットと同様に、穴につっかえているのを見ても驚かないことだろう。彼も他の人の一人であり、まったく平凡な人から抜け出ておらず、全然特別なんかじゃない！

しかし、ちょっと待ってほしい！

**鏡のこちら側では、あなたはまだ物事がその中で起こるためのこの境界のない、不滅の空間であることを見よう。鏡の向こう側にいる人間であるあなたと、こちら側、あなたの側、あなたが今いる側の聖なるあなたとの完璧な対照を観察しよう。あなたが今いるところでは、あなたは平凡な人をまだ絶対的に抜け出しており、絶対的にユニークである。**

絶対的に矛盾するこれら二種類のあなたがどのように共存することができるのだろうか？

事の真実は、**どんな生き物もその生き物としてはその神性へと通過することはできない**のである。旅の中のその旅の厳しさに耐えることができなくて、それは途中で消滅する。**唯一特別である一なるものだけが、特別な一なるものへとつき抜けるのだ。単独なるものへ至る道を最後まで進むのは、単独なるものだけである。彼**の驚くべき恩寵は、**あなたがあなたとしてではなく彼として、彼**へとつき抜けるようにはからっている。

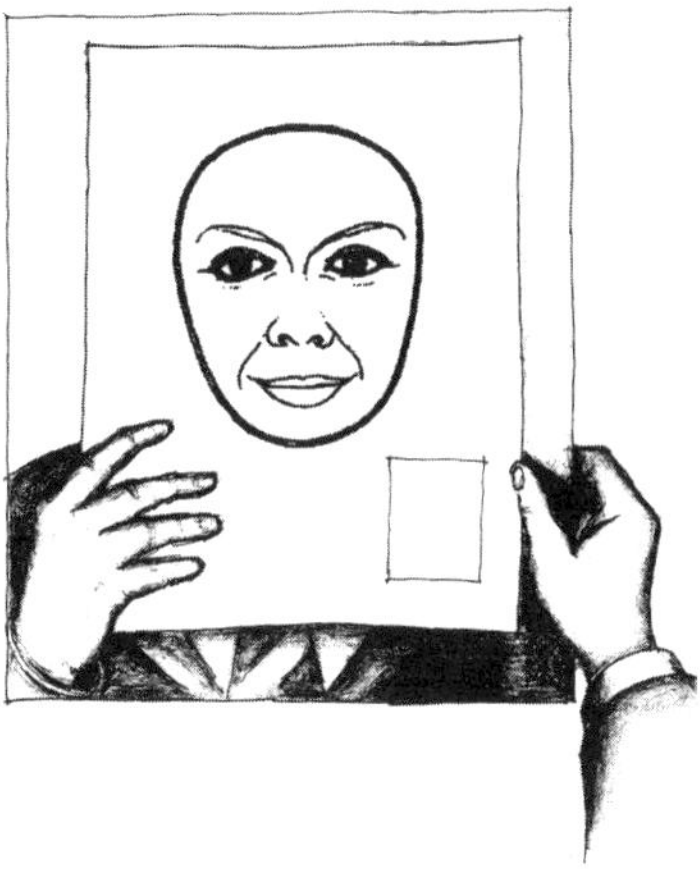

あなたが今しなければならないことは、見ることが見ること以上になるまで**彼**に至る故郷への道を見続け、**彼**の招待を受け入れることである。それは絶対的に信頼できる唯一の一なるものを心底から信頼し、そして本当に

融合可能な唯一の一なるものと完全に融合するまでに見ることが成熟することである。そうすれば、あなたはサリバンが提案するように自分の神経症的な不安が消滅することに気づくだろう。なぜなら、あなたの本当のアイデンティティについての根源的な生存不安がついに解消されるからだ。

あなたが私たちの実験から他にどんな実際的な結論を引き出すかは私は知らないが、以下に私の結論を述べることにする。

私たちの実験のパート1に従うのは非常にゆっくりだったが(私はそれに三十七年間を要した)、パート2は非常に重要であることが私にはわかったのである。神を中に見、ハーディングを外に見ることは、一つの操作の分離できない二つの部分である。どうしても私は片方だけをもつことはできないのである。私が他のすべての人たちとともに、自分の人間性を向こうにしっかりと置くまでは、そして私がそれを向こうで素手の中にしっかりと掴むまでは、それがここに忍びより、私の聖なる中心を汚し、それを恐ろしい——実に悪魔的な——間違った思いこみのうぬぼれにしてしまう危険性が常にある。私の神性さと人間性を隔てる埋められないギャップを完全に理解し、深く感じ、信じるだけでは充分ではないのだ。私はそれを**見る**ことが必要であり、私はそうすることに気を配る必要がある。この見送り、浄化、気楽さ、確実な救済に私がどれほど安堵しているかをいったいどう表現できるだろうか? 救われることは**彼**であることなのだ!

中心では、あなたは平凡な人を
本当に抜け出して

非凡である

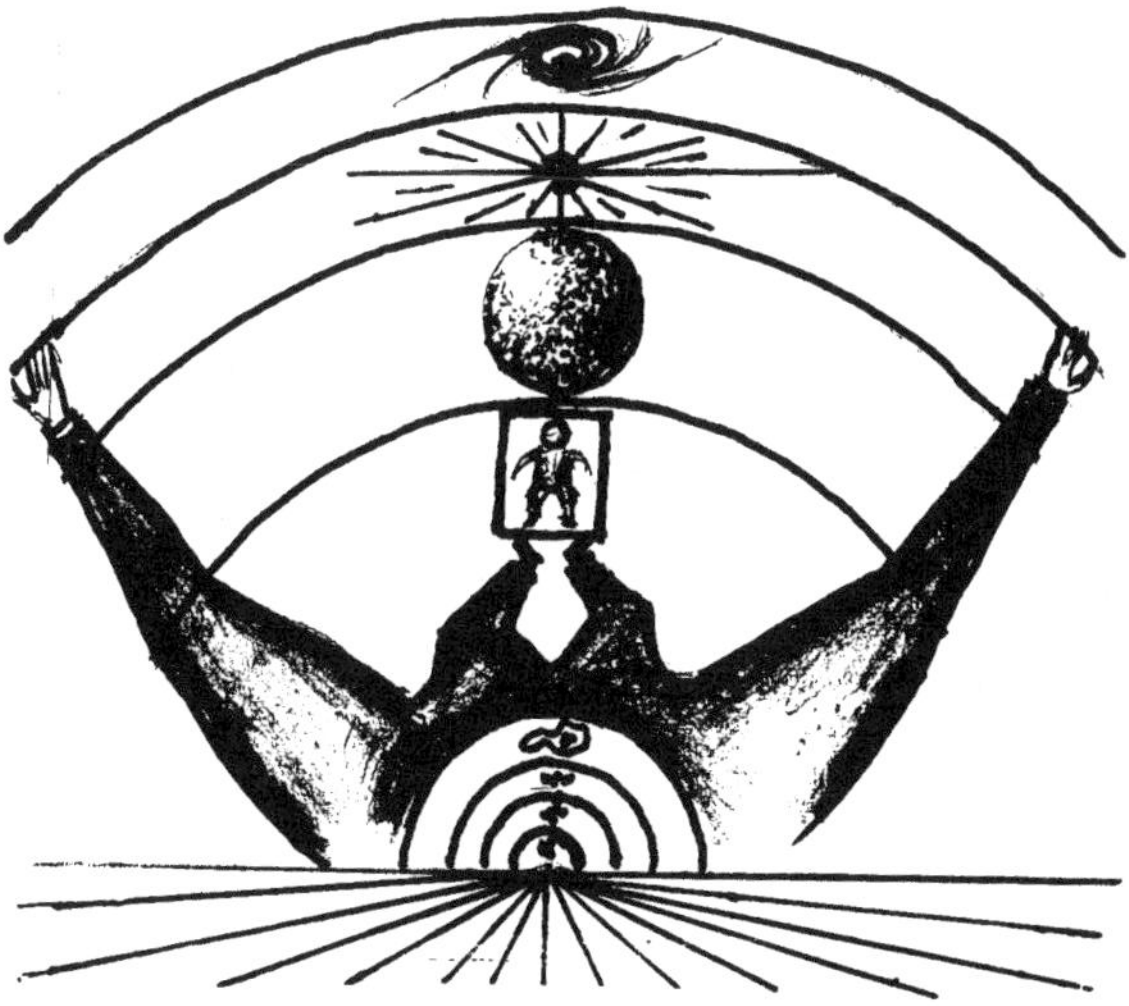

# 第7章　地上は天国であふれている

地上は天国であふれていて
あらゆる平凡な藪さえ神で燃えている
しかし、ただ見る者だけが自分の靴を脱ぐ
残りの者はそのまわりにすわって、クロイチゴを摘み
自然な自分の顔を汚し
最初の姿からますますかけ離れたものになっているのに気づかない
エリザベス・バレット・ブラウニング（イングランドの詩人。一八〇六〜一八六一）

たった今、燃えるような七月の陽光の中で私はこの家のテラスにすわって、ロベリアが咲いているのを眺めている。ロベリアの青を天上的だと呼ぶことはそれを正しく表現することにはなら

ない。それは神で燃えているのだ。それは、「スピリチュアルな火」（そのとらえどころのない言葉が何を意味するとしても）で燃えているのではなく、もっと激しく燃えさかる火、物質的でないことによってではなく、より物質的であることによって、超物質的であることによって、普通の火を凌駕《りょうが》する火として燃えているのである。天国はより実質的で、より抜け目なく、地上よりも具体的であり、つまり地上よりもよほど地上的であり、神は人間よりも地上的であると言うことには本当の意味がある。だから、**彼**に至る道もそのようであるのだ。つまり正確、活動的、現実的、実用的、具体的で、およそ抽象とは正反対である。さらに、私たちの日常生活をあるがままに扱う上で、完全に実際的である。

故郷である神に戻る道を探し出し、その道を人々と分かち合い、実践することが自分の仕事だと私は思っている。つまり日常用語で言えば、私はスピリチュアル関係の仕事をしているということだが、あなたはそれをこの世的ではないあの世的なもので、ヤコブ（キリスト十二使徒の一人）の次のような言葉からその鍵を引き出すかもしれない。「真に宗教的で汚れていないこととは、困っている孤児や寡婦《かふ》を訪問し、この世的な汚れから身を守ることである」

実際、もしこうした宗教の定義に従うなら、私は最高に非宗教的で、限界まで世俗的であり、あの世的であることにアレルギーがある。ここ数ヶ月間、私は本当のスピリチュアリティとはどれほど物質的か、そして本当の物質性とはどれほどスピリチュアルかを発見して、ますます驚いている。あらゆる点で、地上は何と天国であふれていることだろうか。私を神へと連れて行くすべての方法は、一つの現実の場所からさらにもっと現実の場所へ行く本当の道であることがわかり、それには時間がかかるが制限と欠点をもつ本当の乗り物によって通過するのだ。そして、さらに驚くべきことは、故郷へのそれぞれの旅はそれ自体が、旅の終わりに明示される「それ」にとって不可欠な展開であるということだ。それはあなたが、いわゆる「現実に目覚める（REAL isation）」と呼ぶであろうものであり、**無意味であいまいな概念を、活動的で正確な認識に変える**ものである。あるいは、もっと手短に言えば具体化（Concretisation）するということである（私はこの嫌な、しかし正確な単語を自分のチェンバーズ辞書の中に発見した）。

この章では、故郷への道のいくつかを取り上げ、出発地点では平凡であいまいで（幻想的ではないとしても）、疑わしい観念や様相であるものが、確実で明確に見え、息をのむような現実として終わるということを示したいと思う。それはスピリチュアルな啓示――至福直観――が、たまたまその物質的付属物と条件と共存しているというのではなく、スピリチュアルな啓示は物質的なものが必要不可欠だということである。地上が天国で満ちているのと同じくらい、天国も地上で満ちている。もしあなたがすべての日常的な物事から、あるいは汚れた物事からその聖なる手を切れるスピリチュアルな何かを私に見せてくれるなら、私もあなたに幻影や、無意味でおそらくは偶像崇拝的な夢を示して差し上げよう。

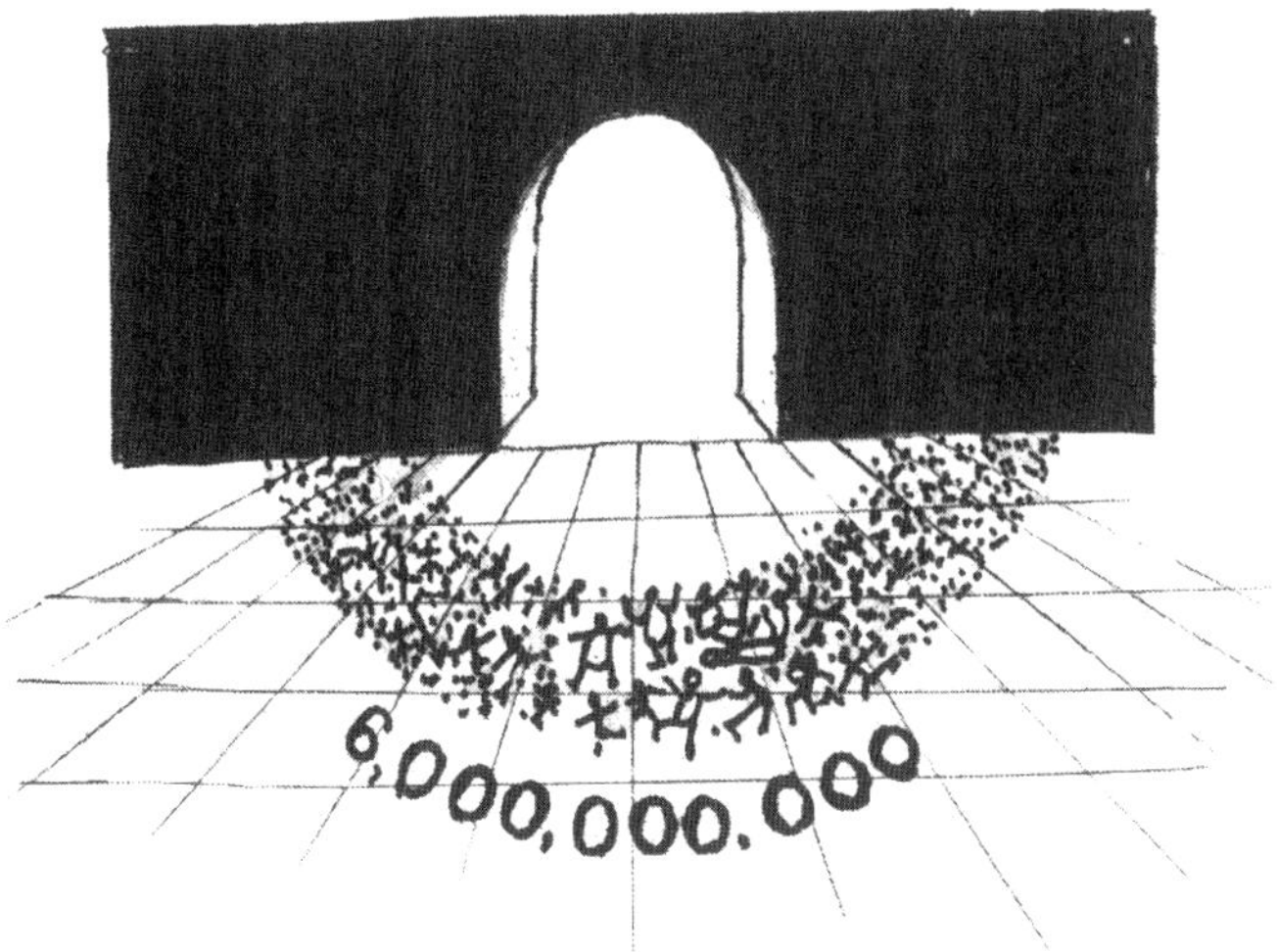


## 入口

前章で述べた実験を繰り返そう。

カードの穴の別名は、壁の中のドア、神に至るあなたの入口である。トマスの福音書に、「多くの者がドアの外に立っている。しかし、花嫁の寝室に入って来るものは単独なるものだけである」という言葉がある。今、あなたが実験の二つの部分を誠実にうまく実行したとして、——(過去現在未来のすべての他の生物のことは言うまでもなく)地球上六十億の人間の中で、そう、あなたが——そのただ一人なのだ。あなただけがその入口から、単独なるものとして単独なるものへと抜け出す。

あなたは自分だけがその穴というか入口から抜け出していることを、正確にどうやって確信したのだろうか？　それについて考えることで？　自分の感情に働きかけることで？　あるいは信念をもつことで？　明らかにそうではない！　あなたは**何かをした**のだ。あなたはまっすぐにその入口に向かい、そして少しの困難もなくそこを通り抜けた。それから、あたりを見まわして、他の人は皆入り口でつっかえているのを見た。すべての証拠が、どれだけ多数の人があなたとこの実験をやっているとしても、あなただけが単独なるものへ抜け出ているという驚くべき事実を指し示している。あなたは単独なるものへ連れて行く自分の感覚を信頼し、実際その感覚は――神によって！　――あなたをそこへ連れて行ったのだ。

そして、あなたは自分がそこへ抜け出し、融合したのはまさに単独なるものであると、どうして確信することができるのだろうか？　なぜなら、ここ、まさにここでだけ、あなたは完全に目に見える明晰さを発見するからである。なぜ完全に見えるかというと、**それは他のあらゆる物事、多かれ少なかれ目に見えず、空気のようにふわふわした実体のない生き物や不完全な創造物とは対照的に、**完全に単純で、変化がなく、空っぽで、満たされていて、不動だからである。もう一度言えば、そのユニークで聖なる形状的特徴を感じ、探求したのはあなたの感覚だったのだ。

では、この全作用以上に実際的で目に見え、物理的であることが他に何かあるかどうか、私に教えてほしい。つまり、壁の厄介な側から反対側へ、そして聖なる明晰さを見ることから聖なる明晰さから見ることへ移行する以上に、あるいは自分の空間的な広がりへの制限を見つけられないこと以上に、自分と最も遠い銀河の距離が崩壊すること以上に、自分が巨大さへ爆発すること以上に、実際的で目に見え、物理的であることが他に何かあるかどうか、私に教えてほしい。

大司教ウィリアム・テンプル（イギリス国教会の大司教。一八八一～一九四四）はキリスト教のことを、あらゆる偉大な宗教の中で一番物質的だと描写した。私は彼が言ったことは正しいと思うが、しかしどれだけそうであるとしても、これはキリスト教へのきわめて高い賛辞であると私たちは確信することができる。もしあなたと私が自分たちの源泉から離れた側の生はまったく生ではないと確信するなら、もし私たちが神の中に自分を失うことによって自分を発見することを知るなら、そして至福直観を拒否することはすべての本当のヴィジョンに対して盲目になることだと知るなら、そのときに私たちは神が設立した低い道、**彼**のところへ帰る地上的な道を感謝しながら行き、大げさで漠然とし歪曲されたその代替物――すべてが盲目の道である――と戯れるのをやめることだろう。神の地上を軽蔑することは**彼**の天国の扉をピシャリと閉めることである。

## 第三の目を開く

人々はもちろん、第三の目は厳然たる事実ではなく、単に役に立つ象徴であり、それについては、またそれを開いたり閉じたりすることについては、何も肉体的なものはないと言うだろう。それは東洋の宗教の中で、いわゆる悟った魂の状態がどんなものかを示すために意図された象徴だと。そして、彼らはさらに付け加えて、彼または彼女の悟りの中の光も同様に象徴的であり、本当の光ではないと言うのだ。同じようにここ西洋でも、イエスが「あなたの目が単一であるとき、あなたの体全体が光に満ち、暗いところがない」と言ったとき、彼は肉体的な目について語っているのではなく、集中した、あるいは注意している精神的ないしスピリチュアルな状態について語っていたのだと、人々はあなたに言うことだろう。そしてまた、彼らはさらに付け加えて、言及されている光は、純粋にスピリチュアルな状態を示す象徴か寓話だと言うのである。実際イエスは寓話が大好きだった。

では今ここで、単にあなたが自分のメガネをかけたときに何が起こるかを見ることで、この問題を心ゆくまで完全に解決しよう。

向こうの手がもっている二つのレンズは、ここあなたの鼻の上で一つのレンズとしていっしょになる。あなたは単眼メガネをかけている。なぜあなたは単眼メガネをかけているのだろうか？　なぜならあなたは、単眼メガネよりずっと大きい単一の目、一つの目から見ているからだ。ではなぜ、あなたは大きな単一の目から眺めているのだろうか？　なぜならあなたは、一つ目巨人だからである。

それがどれくらい大きいかを発見するためには、単眼メガネをはずし（それゆえ、それを再び二つのレンズのあるメガネにする）、探求できるように伸ばした腕の助けをかりて、あなたが眺めているその起源であるこの巨大な単一の目の限界を発見してみよう。

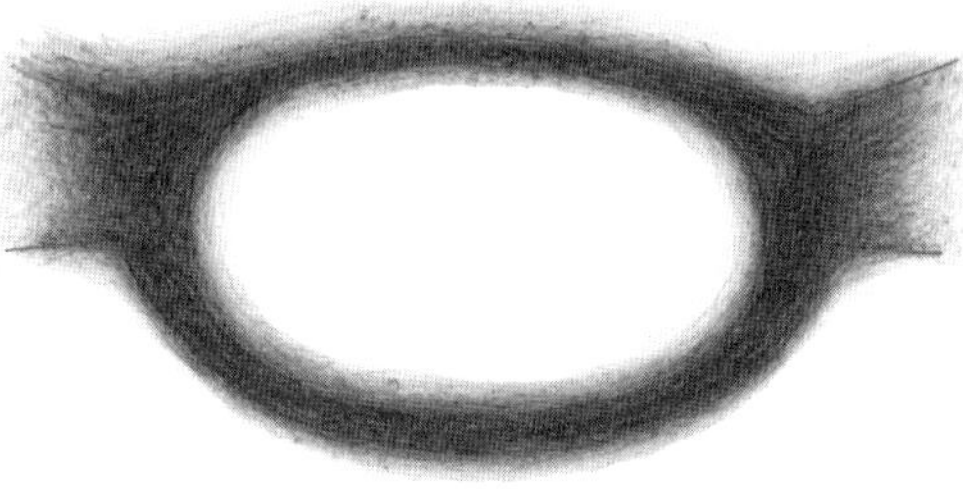

もしあなたがどんな制限も発見できないとすれば、もしあなたが何から眺めているのかというそのそれが、眺めているものより――それが海であれ、空であれ――常に広いことを発見するなら、どうしてあなたは世界を超越するこの目の所有者となることなく、この目について主張し、身につけ、説明することができるのだろうか？　どうしてあなたはこの比類なき器官をそんなにも自信をもってスムーズに所有し、作動させていながら、その操作者、この比類なき一つ目巨人（そう呼んでも**彼**は気にしないだろうと私は確信している）という器官から遠ざかっていることができるのだろうか？

　私はこの生と死の問題への答えをあなたにおまかせする。私のここでの目的は、私たちがこれらの質問にどう答え、そしてどうやってここで見ている一なるものの本性について、これらの驚くべき途方もない発見をするのかを、あなたに（そしてもちろん、私自身にも）思い出してもらうことである。私たちは通常よりも少しゆっくりとメガネやサングラスをかけることで、それをやる！　あなたはこれ以上平凡で実用的で普通であることはできないし、またあなたがすぐに案内されるこの天国の大邸宅ほど他に輝かしい場所に到着することもできない。地上が天国を解放し、公開するのに長い時間はかからないのだ。

あなたの単一の目を輝かせる光について（ギリシャ正教会では「非創造の光」と呼んだりした）、今ここでどんなふうに見えるかを注視しよう。それを光を照らす光と呼んだスーフィーたちもいるし、またヨハネの福音書ではこの世に生まれるあらゆる人を照らす光として呼びかけた。この世のあらゆるものの中でも、この光は最もそれ自身であり、現実的であり、何か別のものの象徴では決してなく、天国の本質的な光そのものである。

## ランドローバー（英国製の車）を運転することから、ランド（土地）を運転することへ

本書は天国と地上の神を融合するあなたの潜在能力についての本であり、この章はそのまさに地上的な実演、証明、実践についてであり、（もしあなたが許せば）これらはその非常に天国的な統合を確信させてくれるだろう。そしてこれからの部分は、その最も天地を揺るがすような実演と証明

と実践についてである。それは文字通り、天地を揺るがすような、世界を動かすような、まさにスペクタクルな大激震である。

あなたは自分が神と結びついていることを、どうやって自分に確信させるのだろうか？　自分の感情に相談することで？　それらはあなたに多くの矛盾と混乱した物語を語ることだろう。あるいは厳しい修行をし、自分を世俗の汚れから遠ざけることで？　それではあなたをますますその創造主から遠ざけることになるかもしれない。あるいは神学の研究や、たとえばアリストテレスが神を「世界の不動の動かし手」と描写した意味を理解しようとすることで？　そんなことにどれほどの見込みがあるというのだろうか！　あなたは彼がそれを理解していたと確信しているのだろうか？

あなたは精神的でスピリチュアルな自分の台座から降り、今起こっていることを真剣に受け止めてしっかりと見つめ、正直でまったくシンプルで現実的になる必要がある。たとえば、あなたの車から急速に遠ざかる電柱の奇妙な行動に気づくほど、謙虚でなければならない。

時速六十キロで移動しているのは電柱ではなく、あなたと車であると誰もが言うことだろう。そして、垣根から丘や山頂までの全風景はまったく静止していて、それらが動いているように見えるのは、もちろんまったくの幻想であると言うことだろう。当然である。

さて今、神はあなたに電柱に関してあることを言い、また人間はまったく別の話を語り、その選択をするのはあなたにまかされていると私は言おう。非常に多くのことがその選択にかかっているが、それは次のようなことだ。神は電柱も含めたすべての物体を動かす不動の中心にあなたが待機し、**彼**のパワーと栄光の生き生きとした実演を完全に共有するようにとあなたを招待しているのだ。さらに、**彼**はこの素晴らしい贈りものをあなたに印象づけるために、驚くほど徹底している。人間はあなたに言う。「もし自分が見るものではなく、私が言うことを信じるならば、あなたは私たちの一員であり、クラブのメンバーである。だからクラブのルールに従いなさい」。その一方、神は「私はあなたに、信念をもつとか、私とあなたは一つであると信じるように求めているわけではなく、証拠に頼ることを求めている。私はあなたに示すためにできるだけのことをしている」と言う。

さらに私には、これらの二者択一から選択する賢明な方法は、あなたが車を運転している(と人々が言う)ときに、あなたがいる場所であなたとは何であるのかを注視することであるように思える。私が思うに、あなたはこんな風景を見ることだろう。

**物体**は動くのがその特徴である。ハンドルをもつ手とペダルの上にある足は確かに動く物体である。しかし、これらの動く手足を前に突き出すのに忙しく、その手足よりも自分に近いあなた、(現在の証拠にもとづいて)あなたが眺めている起源であるそのあなたは、明らかに何でもないものであり、動かせる要素のまったくないものを動かすことは不可能である。あなたの話はこれで終わりにして、今度はあなたの世界の話である。注意を前方の道路に移そう。曲がったり広がったりする速い流れのようなアスファルトの川の上に、あなたがしっかりとつながれていることに気づくだろ

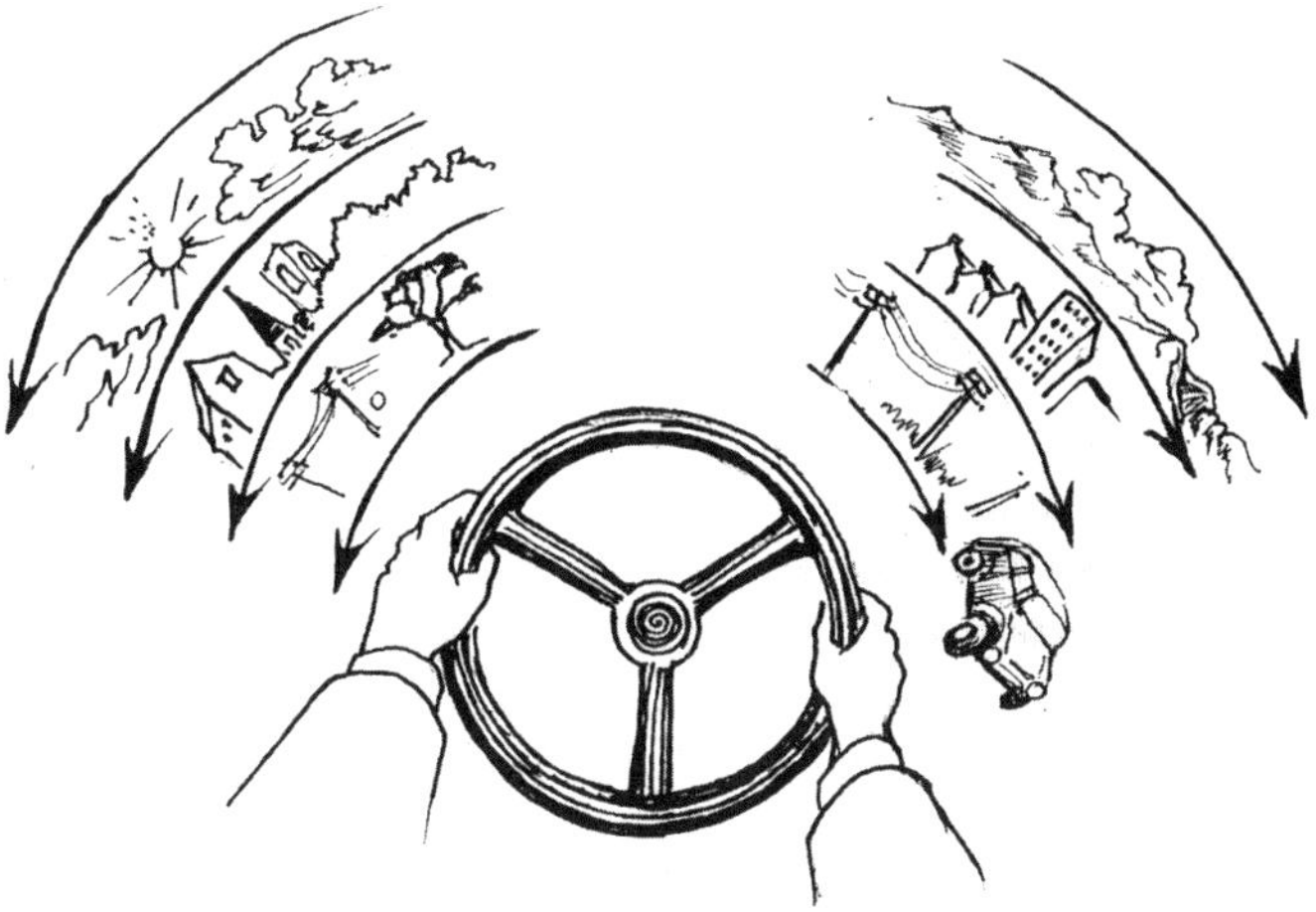

う と私は確信している。風景について言えば、その遠近のすべての物事、**それこそ**が明らかにあなたの運転しているものであり、ランドローバーではないのだ！

本当に私は、神のすべてのパワーと栄光をもって聖なる本質に参加するようにとの**彼**の招待が、どうすればこれ以上に強力で緊急で、説得力のある言葉として表現できるのかわからないくらいである。あるいは、これほど完璧で生き生きとし、ありとあらゆるものが物質的である神の地上が、どうすれば今以上にもっと天国らしくなることができるかもわからないくらいである。すべてである何でもないものはそれほど気前がいいのだ。

## たとえどれほど

たとえどれほど、私はあなたが見る人間にもとづき、それに頼って生きていると声高に宣言したとしても、私はあなたが見ることもない、私の中心である聖なる存在にもとづき、それに頼って生きている。私は向こうで自分自身について間違える前に、ここで私自身であらねばならないのだ！

たとえどれほど、あなたに対する私の感情が否定的で、行動がどれほどひどいものであっても、事実はと言えば、私はあなたのために私の命、まさに私の存在を与えている。私が自分から降りることなしに、あるいは自分を見ないことなしに、どうして私があなたを身にまとうことができるだろうか？　そういった否定的感情やひどい行動が実際の基盤をもたないことを見る以外に、どうして私が根本的にそういったものの力をそぐことができるだろうか？

たとえどれほど、星々とその他すべての遠くや近くの対象物が離れていると私が信じていても、私がそれらを受け取ることができる唯一の方法は、その距離を廃止して、それらと同時に同じ場所にいることである。私がそれらを、彼らの正当な場所と呼んでいるところへ送り出すことができる前に、私はそれらをここにもたねばならない。

たとえどれほど、自分の目が二つあると信じていても、私は単眼以外であったことは決してなく、これからもない。私は自分がいるところから生き、そこから出て自分がいないところを覗きこんでいる。私は中心で幻覚を見るのをやめないかぎり、表面的に幻覚を見ることもできない。

たとえどれほど、自分は小さいと思っていても、どうやって私はあらゆる方向に無限に爆発しないでいることができるだろうか？

たとえどれほど、自分を年寄りだと思っていても、年をとるべきものが何もないところで、どうやって私は年をとることができるだろうか？

たとえどれほど、私が病気だとしても、薬は病気よりも私に近く、より効力がある。

たとえどれほど、私があれやこれやが下手でも、私はこれ以上に存在——そして非存在についても上手にはやれないことだろう。


この章で発見したことを簡単に要約してみよう。花は美しいが、その命はいつも短く、よく枯れてしまう。またどれだけおいしくても、果物は腐り、しばしばヨモギと同じくらいにがくなる。しかし、根は滋養を与え、長年生き、絶対的に健康である。「世界は神の壮大さで満ち」ていて、「物事の奥深くには本当に最も貴重な新鮮さ」が生きている。テレビをつけたり、ニュースを読んだりして日々の地獄の服用量を飲み、それらに加えてさらに自分の人生でうまくいっていない物事のすべてのリストを上積みしたら、いったい希望のためのどんな基盤が残されているのか、私に教えてほしい。明らかに、楽観主義者は偽善者かバカであると、あなたは答えるだろう。だが、必ずしもそうではない。その楽観主義者とは、大変な勇気をもってついに教えられたことや見るように言われたこと、そして騙されて自分が見ているふりをしていることよりも、自分が本当に見るものによってはるかに多くを判断するあなたでありえるのだ。そして地球が地球でありえるのは、ただ彼女

（地球）が天国のひざの上に心地よくすわっているからであるという事実を隠さないあなた。また、あなたについての魅力的な真実が、すべてのひどく不幸で退屈な社会的虚構の正体を暴露し、それらを克服することをますますはっきりと見ているあなた。そして、神がいかに幸福かを見ているあなた。これらのあなたが、その楽観主義者でありえるのだ。

# 第8章　チッパーフィールド先生と世界の水彩画家

子供時代には奇妙なことが起こるものであり、それらの出来事は私たちの本当の性格や使命というか運命を不思議に暗示していて、自分の全人生のコースを決めてしまうようにも思える。その当時は、もちろんそれらはまったく予言的には見えないものではあるが、後で回顧して初めて、私たちは幼少期の出来事の広範囲にわたる重要性に気づく。ということで、私たちの人生は前に向かって生きられるにもかかわらず、後ろに向かって理解されるものであり、イギリスのロマン派詩人ワーズワースが言うように、子供とは実に「大人の父親」であることが明らかになる。

後知恵が私に教えてくれたことによれば、少なくともこの子供に関するかぎり、ワーズワースは正しい。私は異常に早く自分のライフワークを始めたばかりか、その中の最上のものから始めたのであった。

私は当時六歳だった。私たちの家は濃い青味がかった灰色の北海を見下ろす崖の頂上に立っていて、海草のように見える難破した漁船は「蜘蛛」と呼ばれていた。私は風の強い人気《ひとけ》のない海岸を一人でブラブラすることを習慣にしていた。そしてここで、私は自分の宝石――ルビーやエメラルド、ターコイズ、アメジスト、トパーズなど何であれ発見した。あなたに気づいてほしいことは、私は時間をかけてそれらを発見し、それには多くの忍耐強い発掘作業が必要だったということだ。その中でもより美しいもの、たとえばルビーはまれにしか見つからず、それゆえ貴重なものだった。しかし、私はたびたび出かけて、一生懸命に鉱夫をやったおかげで、どれほど豊かな報酬を得たことだろうか！

というのは、これらの宝石は宝石店のウィンドウで見かけるもの、指輪やネックレスや冠を作る類の普通の宝石ではなかったからだ。そう！　宝石店で売られているものは単なる宝石であり、かなり普通でまったく非魔術的だ。もちろん私の宝石と同じく明るく美しいが、しかし平凡で全然神秘的でなく、きわめて無力だ。

それとは反対に、私のものはまったく特別だった。事実、それらはユニークで非常に異なるので、別の名前がふさわしかった。それらを超ルビーとか超エメラルド、宝石の王と呼ぶことさえ、私の宝のもつ魔術的な力をほんの少しも言い表してはいない。おそらく、私は次のように言うべきだろう。喜んでいる所有者、この私、この見たところ平凡で、人に迷惑ばかりかけている幼い少年に贈られた世界規模の魔力。

この魔術は、空の最も高いところにあるフワフワした雲から私の手まで、水平線に見える小さい汽船から私の足元の泡立つ防波堤まで、世界一面を私が選んだ色で瞬時に色づけできるパワーがあった。そして次の瞬間には、その色を、たとえば赤から青へ、また青から琥珀色へと、私の気分次第で変えることができた。この魔術は秘密であるばかりか（私は親友にさえこのことを打ち明けないように注意していた）、他の全員には絶対的に欠けているパワーであることが明らかだった。彼らが何を目のところにもってこようが、どんな宝石を選んでその中を覗き見ようが、そこには何も起こらなかった。それは古い同じ色のままだった。ただ私だけが自分自身を世界の水彩画家と呼ぶ権利をもっていたのだ！

もちろん私が今、自分の子供時代の経験を描写している言葉は、その当時私が使っていたものとは非常に異なる。事実、私はこれらの事柄を詳細に語る能力も必要性も当時はなかったのだ。そしてそのため、それらはよりワクワクするものであり、より深く感じられたのだった。

それゆえ、その結末、私の宝発掘の冒険の悲劇的な終わりが非常にショックだったのは当然だった。それは今日まで、反響する教室の窓から見える打ち捨てられた海岸や怒りの海の景色として、私は鮮明に詳細に覚えているほどである。

この場面に登場する鬼のように恐ろしい人は、チッパーフィールド先生という鉄のような年配の婦人であり、私が毎日通っていたミス・スミス・デイム学校の中のただ一人嫌な先生であった。よくもまあ彼女は、私の白の短パンがあやしげに膨らんでいるのに気づいて、ポケットをひっくり返させたのだった！　それから彼女は私の貴重な宝石をあつかましくも、そして意地悪なことに、「汚いゴミ、汚いガラスのかけら」と呼んだのだった。確かに、それらはすでに私の短パンを汚し、まもなく私自身をも傷つけることは間違いなかったのだが。

私は泣きに泣いて、せめてルビーだけはとっておきたいと懇願した。しかし、無駄だった。それらは鉄のゴミ箱に捨てられ、私はそれ以後発掘を厳しく禁じられたのだった。さらに悪いことには、私の両親にそのことが告げられ、永遠に失われてしまったのだ。私はどれほどチッパーフィールド先生を呪ったことだろうか！　それ以後、私は彼女から何も教わるもんかと固く決意した。

しかし、あの卑劣な先生がどれほど望んだとしても、私の魔力のすべてを奪い取ることはできなかった。この「世界の色づけ」パワーよりもさらにもっと早く私にやって来た、もう一つのパワーがあったのである。当時私はそれに何の名前もつけていなかったが、「世界の所有」は適当だろうと思う。「世界の色づけ」よりは見ごたえはないが、それには私がやっていることを誰も止められないのはもちろんのこと、何をやっているかさえ推測できないという利点があった。

昔は、幼い子供たちは七時とかもっと早い時間にベッドに追いやられて、やっかい払いされたものだった。私の寝室の窓はカーテンの代わりに、てかてかの黄褐色のロールブラインドがかかっていて、それは茶色のアラベスク模様で覆われていた。そのブラインドの隙間から夏の夕方には光が差し込み、また冬には通りのアーク灯のまぶしい光が入ってきた。私は眠ることができず、また起きることも許されないので、何時間も横になったままそのアラベスク模様を眺めていたものだった。それ自体はまったく退屈なことだったが、私は継続的に眺めることで、自分にはそれとともに素晴らしいことができるのを発見した。私はそれらを自分のところへもって来ることができたのだ！　そして、しばらく練習すると、どれほど離れていると言われるものもそうすることができるようになった。この魔術の魅力は、世界規模の操作というだけではなく、完全に秘密のままであり、また距離の崩壊によってあらゆるものが私のものになることだった。このように真に見るときは私が見るものはすべて、まさに私自身の所有物になったのだ。もちろん、当時、私はこんな言葉遊びに耽溺《たんでき》はしていなかった。ただ、私が遍在であり、普遍であることを生きているだけで充分だったのだ。そのことは大きな変化をもたらした。たとえば街の灯りが消えて、ブラインドを少し上げると、私は自分の寝室に星々が入って来るのを見ることができた。あるいは彼らの寝室にいる自分自身を見ることができたということだ。いずれにせよ、あなたのための魔術があるのだ！

ここで私が触れなければならない、同じように印象深い別の二つの世界的魔術があるが、それらはかなりよく知られていることなので、短く触れるだけにしよう。有名ではあるが、同じくらいそれらは評価されていない。

一つ目を、私たちは「世界の破壊と再創造」と呼んでいる。あるいは、もしあなたがそれをからかいたければ、「ダチョウの策略」と呼んでもいいだろう。人は頭をベッドの布団の下に隠して、それゆえ突然宇宙を最後の一片まで完全に破壊する。そして、自分の破壊パワーをしばらく楽しんだ後、適当なときにまったく前と同じ輝きで元通りに配列して、突然、無からすべてを生み出すのである！

二番目を、私たちは「世界の回転」と呼んでいる。私がある地点で回転すると、ワオ！、実際にはそんなことはしていないのだ。代わりに私は他のすべてを回転させ始め、それらは近ければ近いほど速く回転する。全場面が狂ったように回転しているが、何のまわりを回転しているのだろうか？もちろん、その本当の中心のまわりである。

この技術に、「世界の色づけ」、「世界の所有」、「世界の破壊と再創造」を付け加えれば、あなたはすごいものをもつことになる！　すべての大人の利口さをはるかにしのぐ強烈な魔術のレパートリーであり、常に大人たちに「お前は大人じゃない」と言われている子供には、非常に励みになることである。

私たちのほとんどは成長すると、すぐにこういうことをやめてしまうものだが、私はその中へ成長した。孤独な寝室での世界収縮の冒険と肌寒い海岸での世界を色づける冒険は、私が行くべき道の初期の段階であり、人生のすべての推進と目的への強力なキックスタートとなったのである。チッパーフィールド先生にこういった幼少期のパワーを台無しにされるどころか、私はそれらを真剣に受け止めることを自分の仕事とすることにした。

なぜだろうか？　それには多様で充分な理由がある。なぜかと言えば、それらは私が見るように言われたことの代わりに、私が見ていることにもとづいているからだ。またそれらはいつでもどこでも、誰によっても確かめることができるからでもある。そして、それらは永遠の哲学にぴったりと調和するのだ。私はそのおかげで、もしそれがなければ混乱し、無意味であろう生存を、知的に実用的に理解できることに気づいたのである。そして、それは何としても私をからかおうと固く決意している全能のトリックスターによって、私に与えられているからである。そして（念のためさらに付け加えれば）、それらは大いなる謎であり、大変な喜びであり、さらなる魔術を引き起こし、それなりに、長年私を大いに忙しくさせてくれるからである。

ワーズワースは正しかった。私たちは自分たちの故郷である神から栄光の雲を追いかけながらやって来ている。しかし、より深い意味では、私たちは決して故郷を離れたことはなかったのだ。年齢とともに栄光が薄れることもなければ、まして永遠に消滅する必然性もない。それは、怒れる海のわきのゴミ箱に入っている汚いガラスのかけらからもいまだに輝くことができる。それは、輝くロールブラインドの上のブラブラしているアラベスク模様を刺激してピョンピョンとび跳ねさせることができる。神の栄光が私たちの全人生にあふれ出ることができ、またそうすべきものである。成長しつつある、そしてすでに成長した少年や少女のまわりに、監獄という影が永遠に忍び寄る必要はないのだ。どんな年齢の誰でも、本当にそうしたいと思う人は監獄から抜け出して、幸福で尽きることのない驚くべき自由を見ることができる。

この本の著者は大人であることの非常に深刻な発作に苦しんだが、おおむね回復した九十歳代の子供である。事実彼は、自分が風景や空の景色を再装飾したり創造したり破壊したり回転させていることに気づくとき、六歳でこういったことをやったときと同じくらいびっくりしている。さらに彼は、鏡の中のあの小さい老人に助けられ煽動されているこの世のあらゆるチッパーフィールドに決して自分を妨害させまいと固く決心するのである。

「よくよくあなた方に言っておく。神の王国を幼子のように受け入れない者は、決してその中に入ることはない」(訳注：新約聖書の中のキリストの言葉)

# 第9章　ビジオセラピー

九段階の生き物があなたの肉体の中にいる。
光明を得た人は内なる生き物が彼の中で形を作る前に、それらを解放する。
百丈懐海《ひゃくじょうえかい》（中国の禅僧。七二〇？～八一四）

愛情をこめて「偉大なる真珠」と呼ばれた百丈懐海は、唐時代の有名な禅マスターだった。彼は千年以上も昔に生きていた中国人だが、恥ずべきことに私たち現代の西洋人がほとんど考えたことがない問題や途方もなく予防的で重要な問題、まさに生と死の質問を提出した。さらに、これから私たちは彼がそれらの答えまでちゃんと指し示していることに気づくであろうと私は思っている。

百丈懐海からヒントをとって、この章では次のような問題に言及してみよう。自己覚醒はどれほど治療に役立つのだろうか？　つまり、私たちの真の本質を発見することは、精神面やスピリチュアルな面だけでなく、肉体的にもどれほど役立つのか、それともそれは何の違いもないのだろうか？　私たちの「内なる存在たち」（たとえば細胞など）は、いずれにせよどうにか私たちの自己覚醒の分け前を得るのだろうか？　それとも、それを分かち合うことを助けるために、何か私たちにできることがあるのだろうか？　もしそうなら、それは何だろうか？　彼らが解放された、あるいは光明を得た状態だと（それが何を意味するにしても）、彼らはよい仕事をすることが多くなり、私たちに問題を与えること、たとえば癌のように戦闘的徒党に分裂し、あちこちで「利己的に」肉体全体を犠牲にして増殖することなどがより少なくなるのだろうか？

もちろん私たちは、すぐに実践できる明確な結論に到達することを試みるつもりだ。そして、私たちが失敗したところでは、おそらく何か見込みのありそうな研究を専門家——医者や治療家などの何らかの見者たち——に提案することができるだろう。彼らの専門的実践において、医学一般や予防医学において、「ビジオセラピー」と私が呼んでいるものが役に立つ場所があるだろうか（と私たちは彼らに尋ねるだろう）。自己覚醒したヒーラーは彼自身で啓発的な実践のコースを処方し、そしてたぶん適切な場合には彼自身でそれを施行すべきだろうか？　首を切ること、あるいは頭部切断（第一人称の肩の上にできた、こぶのような腫瘍を切断すること）は、彼らの治療技術に含める価値があるだろうか？　結局のところ、もしそういった治療法が心や魂を癒すということに同意が得られれば、まだ発見されてはいないやり方で肉体がそれに従うのは、驚くべきことではないだろう。それは、ただ一時的で表面的な元気や輝きを身につけたり、不慮の危機に対処するために予見できないエネルギーを解放したりするだけでなく、もっと根源的なもっと秘密の、もっと安定した資源、あらゆるレベルの存在が使うことができる資源に頼ることである。

ここで、大乗仏教の大げさな調子で、百丈懐海が「自分の内なる存在たちを解放する」肉体的結果をどのように述べているかは注目に値することである。彼が言うには、見者が示す仏性の三十二の肉体的（**肉体的である！**）特徴は、黄金の肌色であり、宇宙を貫く輝きである。そしてその間、この栄光を補強するものは、見者が意識的に根ざしている虚空、「間違いなく自分の環境に対応して無数の機能を遂行する」空っぽさである。人は、モーゼが山から下りたときの輝く顔、あるいはイエスが別の山から下りたときの変容、そして内なる光明がすべての人が見てわかるように輝いている聖人たちのことを思い出す。結局、宗教上の修辞と聖書的な誇張を考慮するとしても、スピリチュアルな健康と肉体的健康は調和することが多いものである。手短かに言うなら、今、緊急に私たちが探求すべき分野がここにあることを表現豊かに確立したものとして、こういった伝統的な話を受け取ることにしよう。

手始めに、あらゆる理性的疑いを越えたものに、どこまで私たちが追いつくことができるかに注目してみよう。私は今、私たちの中心的な空っぽさ（それは虚空、明晰さ、聖霊、目覚めた受容能力、意識している非物質性、あるいは単に今ここに印刷されている文字を受け入れているものな

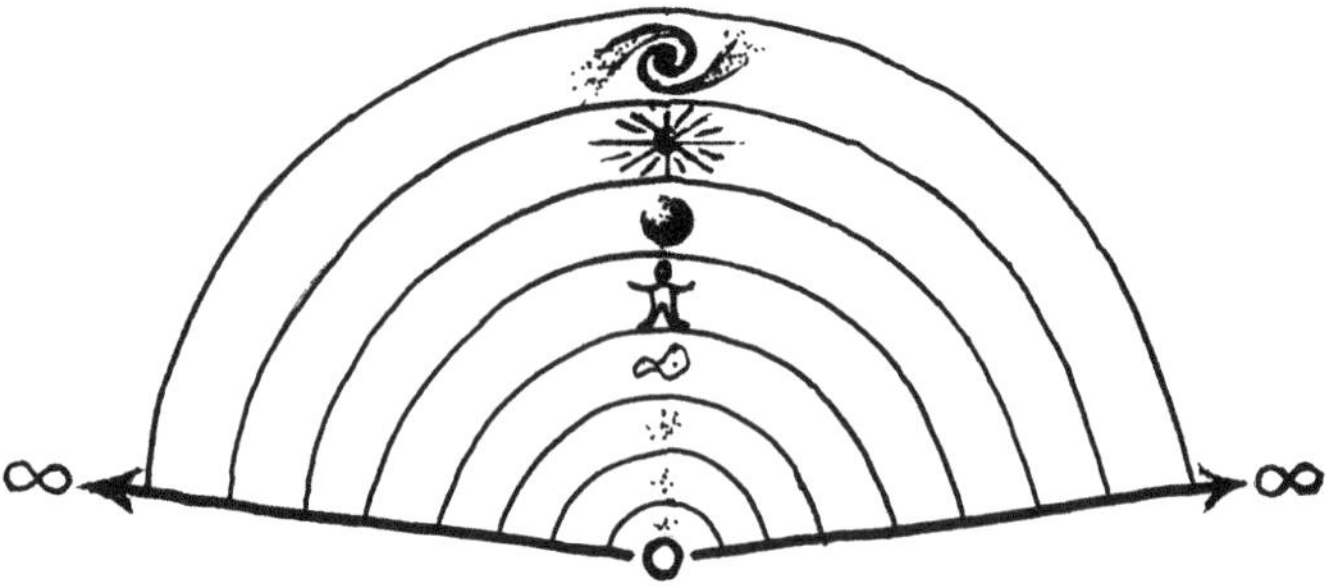

ど、好きなように呼んでもよい）は、あらゆる痕跡と所有意識を剥《は》ぎ取られ、あらゆる個人的ラベル、区別する印、そして段階や地位を示すものがきれいにぬぐい去られている。それはあらゆる階層のレベルに所属し、それに精通している。現象的には、ここで自分自身を明晰さと見ているものは、私の明晰さでもなければ、あなたの明晰さでもなく、彼や彼女の明晰さでもなければ、それの明晰さでもなく、ただ**唯一**の分割できない普遍的な明晰さである。私たちの第一人称単数のイラスト上に示されているように、それは無数の存在たちの核にある中心的な非存在であり、それが永遠に存在たちを生み出しているのだ。

　言い換えるなら、あなたの中心の現実、あなたの無数の地域的な外見の源泉をのぞき込むとき、あなたはまさにすべてを包括する現実そのものとしてそれをおこなうのである。あなたは私として私のために、そしてまたあらゆる人としてあらゆる人のためにそれをおこなう。事実、あなたの悟りは、まさに仏陀の悟りに他ならず、それは古代の言い伝えによれば、必然的にあらゆる段階と時代のすべての生きとし生ける存在の悟りを意味する。それは私たちの時代の先を行く言い伝えであり、時宜にかなった警告にも聞こえる。「私の」悟りは明らかに私のものでないのだが（本当に悟ったどんな存在も、自分が悟っていない存在たちに取り囲まれているとは見ない）、私の「エゴ」は「悟りは私のものだ」と言う。それゆえ、悟りという分野を探求するときは、主意深く歩いてゆくようにしよう。「私のもの」と「悟りの分野」は地雷領域であり、自分がエゴによって空高く木っ端みじんに吹き飛ばされないためには、目覚めていることが非常に重要だということも忘れないようにしよう。

私がここで発見する明晰さ、中心において私である明晰さは、あらゆる段階の私の「内なる存在」の内情であり、根源的様相である。たとえば、それは人間的であるのと同じくらい細胞的である。私はこの事実を非常に深刻に受け止め、ハートに受け入れる必要がある。時々上から見下ろし、こういった謙虚な奉仕者たちに負っているものや、中心では彼らと一体であることを軽く認めるくらいでは役に立たないだろう。私はおよそ九十三年前に彼らの一つとして（ほとんど目に見えない卵として）自分の人生を始め、私はいわば内輪《うちわ》ではいまだあの原初の細胞なのである。こういった謙虚でかつ痛烈な真実を無視したり、否定するのは危険なことだ（しかし、私たちの誰がそれをしないだろうか）。それはまるで、自分の細胞が見過ごされ見くびられるのを憎んで、苛立ちを感じさせるようなものである。支配者が非支配者との接触を失ったとき、社会レベルでどんなことが起こるかは、人間の細胞レベルにおける同様の鈍感さの結末を私たちに警告してくれるだろう。古代ローマの奴隷戦争、中世イギリスの農民の反乱、ジャックリーの乱とフランス革命など、そういった恐るべきことが起きたのは上流階級があまりに傍若無人で、下級階級の痛みを理解したり、同情したり、ふさわしい行動をしなかったからだ。一般大衆が反乱を起こしたのも当然のことだった。同様に私の細胞群が、彼らの中の一個として人生を始めた成り上がり者によって（まったく無視されてはいなくとも）かぎりなく劣ったものとして軽蔑されている結果、反乱を起こしたとしても驚くべきことだろうか？　そして反対に、私が意識的に中心において彼らの一つひとつすべてと一体であるとき、彼らと私がともによりよい健康と活力を楽しむことは、驚くべきことだろうか？

この時点で私は、あなたがいくつかの反論をするのが聞こえる。最初の反論は次のようなものだ。偉大なる聖人で見者であると誰もが同意するラマナ・マハルシ（南インドの聖者。一八七九〜一九五〇）は癌で死んだ。同様にニサルガダッタ（南インドの覚者。一八九七〜一九八一）や他のきわめて才能のあるスピリチュアル・マスターたちも癌で死んでいる。ということは、私は彼らの悟りがある意味では欠陥のあるものであり、充分深くないと言っているのだろうか？

それに対して、私はこうお答えする。ラマナは実に深く自己覚醒した人だった。そして、彼はまたインドの苦行者でもあり、若い頃、暗くて健康に悪い寺院の地下に住んでいた。彼の伝記作家であるアーサー・オズボーン（イギリスの作家。一九〇六〜一九七〇）は次のように書いている。「そこはめったに人間が入って行かないようなところだった。そこでは蟻、害虫、蚊などが繁殖していた。それらは彼を餌食にしたので、腿はあちこち膿や血が流れる傷でおおわれていた。その傷跡は彼が死ぬまで残っていた」。彼はまた自分の体とその健康に無関心だった。彼は体のことを「障害」と呼んでいた。彼のような賢人にしても、彼の内部の存在たちは反乱したのである。

二番目の反論は、「いいえ」というより、「はい、でも……」というようなものだ。その反論は、こういう具合だ。仮に意識的に自分の細胞と悟りを分かち合うことが細胞にとってもあなたにとってもよいもので、癌を起こりにくくするとしても、それは多くの要因の一つにすぎず、おそらくはささいな要因にすぎない。癌の種類や原因と治療法の研究に注ぎ込まれている途方もない努力も、今のところ決定的で明確で単純な答えをもたらしていない。一般的には遺伝、喫煙、ひどい食べ物、公害、ストレス、不自然なライフスタイルなど、これらのいくつかがその病理学的要因として調査されている。それにさらにあらゆる段階の自分のすべての内なる存在に対する否定的、あるいは敵対的態度も付け加えられるだろう。しかし、ビジオセラピーの効能を誇張したり、それに対して自信過剰になったりすることは、これやあれやの悪化しやすい病気との戦いにおいては役に立たないだろう。

これで二番目の反論を終わりにする。

今言われたすべてのことを私自身も快く認め、実にそうだと強調する——今までのところは。しかし、それではほとんど充分ではない。私の肉体には別のそして非常に異なる面がある。正しく言

えば、私には二つの肉体があるのだ。第二・第三人称としての私は、病気にかかりやすい小さく死にゆく肉体をもち、一方で第一人称（むしろ唯一の第一人称単数）としての私は復活した肉体をもち、それはあらゆる重要な面において、医者が世話をし、私が鏡で見る肉体とは正反対なものである。この二つの肉体の違いを丹念に列挙する代わりに、イラストの中で要点を説明しよう。

　私が自分にする質問は次のようなものである。私が明確に復活された肉体を見て、それを身につけ、それに慣れるときや、あなたが見る私の外見とは明確に区別されるものとして私が領域ごとの自分の本当の姿の光を楽しみ、その中で生きるとき、領域的な影響はどんなものだろうか？　私が一メートルかそこら離れた自分の人間の領域から、私の細胞の領域、分子・原子の領域、亜原子の領域を通過して、この絶対的に見捨てられた中心へと意識的に移動するとき、これらの階層的な領域に住む住民たちは気分がよくなったり、何らかの影響を受けたりするのだろうか？　これまで私は、あらゆる重要な面において、あの第二・三人称の肉体の中の私の偽人生は、この第一人称の中の私の本当の人生とは明確に対照的なものだということを発見してきた。そして今、健康と病気の問題の場合に、もしこの対照がなくなるとしたら、それは奇妙なことだろうと私は考えるのである。もし、私たちが今まで見てきたように、あらゆるレベルにある「私の」悟りが、ただ人間レベルにしか実現せず、充分な影響を与えないとしたら、それは実に奇妙なことだろう。もちろんそれを認め、あらゆるレベルでその充分な影響を妨害しないことは、私次第である。

ビジオセラピーは完全なセラピーであるか、あるいはまったくセラピーでないかのどちらかである。それはどのように作用するのだろうか？　特別な例を考えてみると、癌に対するその根源的治療は化学治療や放射線治療とどう比較できるのだろうか？

化学治療と放射線治療はできるだけ多くの病気の細胞を殺し、健康な細胞はできるだけ殺さないようにするのが目的である。ビジオセラピーも同じ方向で働くのだが、しかしずっと根源的である。それは病気の細胞をすべて殺して、もう一度生き返らせることに成功する。キリスト教の言葉で言えば、それは死と再生であり、天の王国に入るための代価である。事実、それは私たちのイラストにも示されているように、あらゆる物事の共通の核である何でもないものへ、絶対的に病気にかからない何でもないものへ、本当の空間を通ってする本当の旅の形式をとる。私は内側を指し示す指の助けをかりて、それが今ここで忙しく爆発してあらゆるものへ、言い換えれば、目が一つで広く腕を広げ、あらゆるレベルで復活したこの私の体になることを発見する。

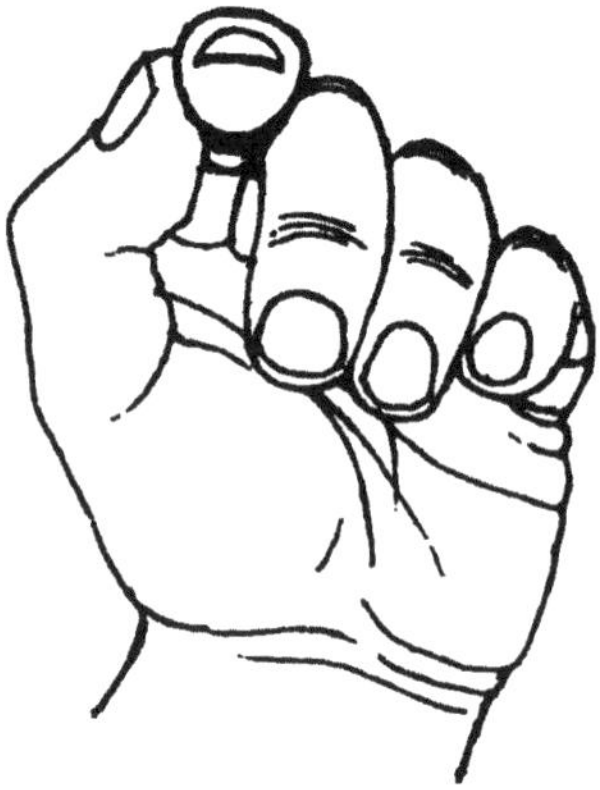

これだけが私の本当の体であり、私の決して分割できない宇宙構造物であり、その中では私の人間の体は微小で一時的な破片である。仲間の人間がいなければ私は人間ではなく、仲間の器官がなければ私は生きていない。繰り返すが、私の分子的で原子的、亜原子的な成分がなければ、私は何なのだろうか？　あるいは、私の地球や太陽や銀河がなければ、私は何なのだろうか？　真実はと言えば、私の全体はすべてを含む一なるものから、すべてを排除する何でもないものまでカバーする、この宇宙的全階層の全体に他ならない。完璧なものとして、第一人称として、私は世界の中にはいない――世界が私の中にあるのだ。そして、すべての存在は私の内なる存在である。真面目な話、私の**体**が分割できないように、その健康も分割できないものだ。そして、ビジオセラピーは人の偽の肉体から、人の非肉体を通って、人の真実で全体である肉体――それはいつも体調がいい――へとシフトする練習をすることなのだ。

これで、私の素人的ビジオセラピーの概略の説明を終わりにする。後は、自分の本質の見者である専門家、医者やセラピストたちにおまかせしよう。ここに専門家や研究者を待っている困難で長期的な研究プログラムがあり、それは必要とされているだけでなく、魅力的な研究になる見込みがある。

最後に、百丈懐海に戻ることにしよう。「解放された人は、自分の内なる存在が彼の中で形をもつ前でさえ、彼らを解放する」という教えだけでも、彼は偉大なる真珠の名にふさわしいと私は思う。そして、九つの段階の存在はすべて自分の肉体の中に存在すると教えてくれるとき、彼は確かに真実を語っている。彼の時代から千年たった今でも、その数は正しい。彼に祝福あれ！　銀河から粒子まで数えると、私の数もまた九つになる。

マスターに敬礼！

# 第10章　もはや、私が生きているのではない

私はキリストとともに磔《はりつけ》にされ、
もはや、私が生きているのではなく、
キリストが私のうちに生きておられる。

聖パウロ（キリスト教初期の伝道者。？〜六四）

過去二千年の間、あちこちにちらばった少数のキリスト教徒たちがいたが――私は彼らを本当のキリスト教徒と呼びたいと思う――彼らにとっては、先に記した聖パウロの言葉は文字どおり真実であり、決して象徴的でもたとえ話でもない。彼らはこの途方もなくかつわけのわからない彼の主張を真剣に受け止め、それを自分自身に個人的に応用し、単なる人間であるものから本来の聖なるものへ、根本的に自分の姿を変換するのにも等しいことを実践する人たちである。彼らは「私の中

に神の息子を啓示することは、母の子宮から私を切り離した**彼**を喜ばせる」と聖パウロとともに言うことができる才能に恵まれた信仰に厚い魂だ。つまり彼らは、自分が真実だと思う現実を日常生活の中で証明し続ける、幸運と偉大な信念に恵まれた人たちである。

私自身は信仰の薄い人間であり、パウロに次のように言いたい気がしている疑い深いトマス（訳注：証拠なしでは信じない疑い深い人のことをいう。使徒トマスが証拠を見るまでキリストの復活を信じなかったことに由来する）である。「神－人間であるキリストが命として私の中に存在し、パスポートや鏡に映る非常に反キリスト的な男が**私**である以上に**彼**が**私**であることを発見したいと熱望していますが、ただ私にはそれが信じられないのです」と。その提案はあまりにも野心的であまりにも希望的で、信頼できないのだ。というのは、自分自身を一時的で微小で、当然決してほめられない世界の断片として見なしている私が実は、無限で言語に絶するその起源を妊娠している（いや、ある意味ではそれと同一である）という主張と同然だからだ。私にとっては、そう聞かされたという理由で、あるいはそれを信じたいからという理由で、その話を信じることはくだらなく滑稽に思えるし、その起源に対して決して賛辞を捧げることにもならないと思う。

だから、私はパウロに言うのである。「私にお示しください。お話ししてくださるだけでは役に立ちません。**彼**が私の命を生きているのを私が見て感じるとき、そして**彼**がまさにここで非常に明白なので私の正体が**彼**へと変換したことと**彼**の存在をもはや疑いえないとき、私の命であるキリストを私は信じることでしょう」

しかし、私は先を急ぎすぎた。まず最初に、キリストが私にとって誰なのか、高貴ながらもひどい重荷を背負っている多義的なその称号が何を意味しているのかを明確にしなければならない。次に、私が身につけたいキリストの本質的な属性をリストアップするが、もし仮に――不思議中の不思議！　私がダグラス・ハーディングからキリストや**彼**の命を生きることへ、パウロふうであれ何であれ変換するとしたら、その特徴を身につけなければならないだろう。

とはいえ、これらは私が挙げるリストであって、厳密にはあなたや、また司祭や神学者が思いつくものとも違うとは思うが、ここでの私たちの目的にはかなうだろう。

## 1　自ら与える

まさにキリストの本質は自ら与える愛であり、私とあなたが生きることができるように、自らは死ぬという愛である。

## 2　磔

**彼**の死をこれほど特別なものにしている要因の一つは、その死に方だ。**彼**は磔にされた人である。

3 新しい肉体

しかしながら、死から蘇った**彼**は劇的な再生で復活した肉体を身につけているが、それは死のこちら側にいる私たちにとっては、想像が困難な肉体である。

4 遍在

しかし**彼**は、明らかに**彼**の復活した肉体に閉じ込められたり、どこか一箇所に位置しているのではない。**彼**はいつも自由にあらゆるところにいる。

5 不滅

あらゆる空間、あらゆる時間が永遠の存在である**彼**の中にある。

6 中心性

**彼**は空間と時間に浸透しているだけでなく、そのすべてがユニークな中心に存在する**彼**から進行し、**彼**へと戻る。

7 包括性

どれほど遠くにあり、どれほど欠陥が多く、どれほどみじめで、どれほど罪深くても、あらゆるものとあらゆる人が**彼**に抱かれ、**彼**の偉大なハートの中に留まっている。

8 純粋性

しかし、**彼**は汚されず、澄み渡り、欠点がなく、あらゆる点で完璧である。

9 静寂さ

**彼**の完璧さは完全な静寂さ、平和、休息を含み、**彼**の不動性からすべての物事が動かされている。

10 全能

事実、結局**彼**の意志がなされているので、**彼**はまったくパワフルである。

11 全知

完全に賢いものとして、**彼**はすべての存在の本質を見抜く完璧な洞察をもっている。**彼**は彼らが自分を知るよりも、もっと彼らのことをよく知っている。

## 12 神が人間の中へ、人間が神の中へ

しかし、この超越的属性の集まりにもかかわらず、**彼**は神であるだけでなく人間であり、神聖であるのと同じくらい人間的である。

以上が、私の最初のリストである。それは私とは似ても似つかないが、しかしもしキリストが私の中に生き、私の命であるとしたら、私がそうであるはずのものを描写している。別の言い方をすれば、これらは私がなぜ**彼**のようではないかという強力な理由が十二もあるということを示しているわけだが、まる一ダースの点において、私が**彼**の聖なる完璧さにはかりしれないほど届かないことがきわめて明らかである。これらの点は、たった一つの点でも、私がキリストになるのを永遠に拒むのに充分だろうし、他にももっと潜んでいるのは確かなことである!

私があの使徒の言うことを**信じる**のをすぐに拒み、キリストが私の命であり、まさに私の存在である(あるいは、いつかそうなる可能性がある)ことを私に**示して**くれるように要求したことは、何と正しかったことだろうか。だから、私が今から提案することは、パウロが話していた場面を一目でも見ることができないか、そして何らかの方法で、私の中に住んでいるキリストと私とのギャップを埋めることができないかを新鮮な目で見ることである。この目的を心に留めて、私の二番目のリストを作成することにしよう。

今回は、私が向こうでキリストの属性だと考えるもののリストではなく、今ここで私が認識する私自身の属性のリストである。ここで「私自身」というのは、向こうの鏡に映っている奴のことではなく、鏡のこちら側にいる非常に異なっている奴、鏡の中の奴を見ている者のことである。比較する目的のために、私は二つのリストを合体させ、キリストの属性をゴシックで記し、私自身の属性を普通の活字で記すことにする。少なくともこのように並記することが、**彼**と私との対照を目立たせることに役立つはずである。

何が示されているかをチェックするために、上のおおまかなイラストが、私だけでなくあなたにとっても役立つだろうと私は思っている。なぜなら、もちろん私はあなたに、信じることではなく、あらゆる段階で、私が自分自身について気づいたこととかなり似たことを、あなたが自分自身についても気づくように願っているからだ。

## 1 自ら与える

まさにキリストの本質は自ら与える愛であり、私とあなたが生きることができるように、自らは死ぬという愛である。

イラストの中心のまさにここで、私は自分自身を、何であれ現れているもののための空っぽの空間、受容能力、場所であると認識する。もし、ここに現れるのがあなたであれば、私はあなたを追い出す何もここには保管しておらず、私はあなたのために消える。もし微量の埃さえ残っているとしたら、それだけであなたを完全に押し出すのに充分だろう。しかし、ここには何も残されていない。あなたの私側では、私は何も見えない。あなたがそのすべての素晴らしい豊かさとあるがままの性質をもってここに現れたことの代償は、私の貧しさであり、私の性質のなさであり、私の消滅である。真実はと言えば、私は自分の命とまさに存在をあなたのために与えているのであり、それは私が自己否定的であったり、聖人的であったりする（まさに私はそれとは反対である！）からではなく、私には選択がないからである。

## 2　磔

**彼**の死をこれほど特別なものにしている要因の一つは、その死に方だ。**彼**は磔にされた人である。

まっすぐに前方を見て、自分の腕を肩の高さに上げて、私はそれらがほとんど消えるまでゆっくりと広げる。そして私はある種の驚きをもって、これらの巨大な私の腕が――他の人々の腕とは対照的に――広大な世界、そこに示されているすべてを抱きしめているのを見る。私の左手は日の出と日没、東と西が離れているのと同じくらい、右手から離れている。そして、このすべてを包含する身振りが礫であるばかりでなく、私はまた自分が礫とともにあるその苦しみにも参加していることを発見する。

### 3 新しい肉体

しかしながら、死から蘇った彼は劇的な再生で復活した肉体を身につけているが、それは死のこちら側にいる私たちにとっては、想像が困難な肉体である。

実際に与えられている私の肉体の形を見るためにここを眺めると、少なくとも四つの際立つ点で、それが私のまわりのすべての肉体（私の鏡の中の肉体も含む）とは、異なることがわかる。（a）彼らの肩の上に乗っているものは、一人ひとりにたった一つの頭であるのに対して、私の肩の上は、私が出会うすべての頭のための場所である。事実、私は首を切られていて（そして首切ほど確実で手短な死はない）、すでに多くの首のある復活した命を生きている。（b）まるで私の仲間より少しだけ背が低いことを埋め合わせるかのように、私たちがすでに見たとおり、私は途方もなく広大である。（c）また私は他の人たちとは正反対であり、下が上であり、反対側を向いている。そして、（d）私はそれが取り入れる世界よりも広大な単一の目を備えている。その一方で、彼らは小さな骨の箱に一組ののぞき穴を発生させている。もちろん他にも私と彼らが違う例がたくさんある。たとえば私の手は通常、足よりもずっと大きい。しかし、こちら側の死後の肉体と、向こう側の死ぬ前の肉体たちとの対照がどれほど大きいのかを示すに充分なほど、私は言ったと思う。

## 4 遍在

しかし**彼**は、明らかに自分の復活された肉体に閉じ込められたり、どこか一箇所に位置しているのではない。**彼**はいつも自由にあらゆるところにいる。

今、ここで、これらの私の巨大な二本の腕を突き出しているものは、また私がそこから見ている源泉でもある。今この広く目覚めているものを指し示すと、私は無限へと爆発する何でもなさ、つまり空っぽさを発見する。宇宙円の中心はその半径のすべてを飲み込んでしまったのだ。このため私は、私と見ているものとの間にどんな距離も認識しない。私の目とあなたの目の間にある定規は、先端をこちらに向けると、距離は0になる。同じ理由によって、「最も遠い」銀河、星、惑星は最も近いものよりも近く、私が見るすべてのものを私はここで見る。一言で言えば、私は偏在している。

## 5 不滅

あらゆる空間、あらゆる時間が永遠の存在である**彼**の中にある。

すべての変化し消滅する物事を含んでいる目覚めた何でもないものとして、私は変化せず、時間がなく、始まりも終わりもない。もし私がこのことを疑うとしたら、私はただ自分の時計に聞けばいいだけである。通常、時計は向こうでの時間を教えてくれる。しかし、目のところまで時計をもってくると、それは今ここでは時間がないと私に教えてくれる。そして、すべてのものの運命の苦しみそれ自身、時計の教えの中に消滅する。

## 6 中心性

**彼**は空間と時間に浸透しているだけでなく、そのすべてがユニークな中心に存在する**彼**から進行し、**彼**へと戻る。

私は再び定規を取り出し、それを使って自分のまわりの垂直な線を下に向かって（部屋の隅とドアの横の柱などから）引き伸ばす。すると私は、それらはすべて私のところに集中し、また私から四方に広がっていることを発見する！　正確に言えば、私の心臓の領域からである。子供の頃、平行線は無限で交わるということを聞かされたものだが（訳注：非ユークリッド幾何学では、平行線は無限遠点で交わるとされている）、今、私は自分がその無限であることが見える。さらに、それは自己覚醒している無限である。あらゆるものに存在と命と意味をもたらす覚醒を私が発見できるのは、ただここだけで、他のどこでもありえない。もし私がそれをどこか他で見つけるように見えるなら、それはただ、私がそれを私自身といっしょに連れて行くからだ。

## 7 包括性

どれほど遠くにあり、どれほど欠陥が多く、どれほどみじめで、どれほど罪深くても、あらゆるものとあらゆる人が**彼**に抱かれ、**彼**の偉大なハートの中に留まっている。

私がここで発見するこの広大で自己覚醒している虚空は、ただ空っぽなのではない。それは満たすための空っぽである。究極的には誰も何も排除されていない。事実、私が「一つ」であるまでは、私は健康でもなければ、正常でもなければ、「健全」であるわけでも全体でもない。あるいは別の言い方をすれば、私がここの観察者と向こうの観察されるものに分裂する、つまり私の部分と私でない部分に分裂するまでは、宇宙は全体ではないのだ。**一つの宇宙**として宇宙を楽しむためには、そして**二つの宇宙**としてもはやそれに苦しまないためには、私は中心ではそれらの何であってもいけなく、周辺ではそのすべてでなければならない。それらは硬貨の両面である。

## 8 純粋性

しかし、**彼**は汚されず、澄み渡り、欠点がなく、あらゆる点で完璧である。

私は今書いている状態から顔を上げて、同時に二方向を指差す。右手の人差し指で何が見ているかを指差し、左手の人差し指で見られているもの――つまりソファ、いくつかの椅子、窓などを指差す。すると私は三つのことに気づく。まず第一に、ここでの空っぽさとそれが向こうで満たしているものの対照がどれほど完璧かということである。二番目に、それにもかかわらず、それらの融合がどれほど完璧かということである。三番目に、その空っぽさはそれが満たされてもまったく汚染されていないということである。というのは、部屋の別の部分を眺めるとき、私は以前の部分(ソファ、椅子、窓)の何も連れて来てないからである。私であるこの空っぽさは、清浄で一つひとつの新しい場面のために空っぽで、永遠に純潔無垢《じゅんけつむく》のままである。

## 9 静寂さ

**彼**の完璧さは完全な静寂さ、平和、休息を含み、**彼**の不動性からすべての物事が動かされている。

死後の私は汚れがないという明白な事実を見逃す言い訳を発見できても、死後の私が不動であるというさらにもっと明白な事実を見逃す言い訳は発見できない。汽車の中で、あるいは車のハンドルを握っているとき、あるいはただ散歩に出かけるときに、私はただ自分が見るように言われていることではなく、自分が見ているものを見るだけでいい。正気にかえるとき、遠くの丘からわきの電信柱まであらゆるものが私の中を動いていることを、私は否定することをやめる。その私とはすべてを包含する静寂さであり、世界の不動の動かし手である。

## 10 全能

事実、結局**彼**の意志がなされているので、**彼**はまったくパワフルである。

私は自分の中に二つの意志を発見するが、一つは私の鏡の中の死ぬ前の人生に所属するものであり、もう一つは私の鏡のこちら側の死後の人生に所属するものである。前者は自分に起こる半分以上のことに即座に「いいえ！」と言うのに対して、後者は最終的には、そのすべてに「はい！」――「あるがままに！」――と言う。そして、そうするのには充分な理由がある。まさにここで私のすべての抵抗は解消され、何であれ待ち受けているものを受け入れるために、私は爆発して広く開いているることが見えるからである。もちろん、それに「はい！」と言うことはしばしば耐え難いほど困難であるが、しかしそれがもつに値する唯一の平和のレシピであることがわかる。そして、それゆえついに次の逆説が成り立つ。それは、私には自分の意志がないゆえに、まさにここで私の意志がおこなわれ、完全なる無力と完全なる全能は同じところへ行きつくということである。

## 11 全知

完全に賢いものとして、**彼**はすべての存在の本質を見抜く完璧な洞察をもっている。**彼**は彼らが自分を知るよりも、もっと彼らのことをよく知っている。

境界のない「私の」本当の永遠の本質をまさにここ中心に明確に見ているので、あなたが誰であれ、何であれ、どんなときであれ、「あなたの本質」も私は明確に見るのである。というのは、まさにここでは、あなたと私は同じもの、いや、むしろ何でもないものである。その他の、宇宙のすべての粒子の行動を監視するといった類の全知は、空しい夢であり、たぶん忌まわしい悪夢である。

## 12 神が人間の中へ、人間が神の中へ

しかし、この超越的属性の集まりにもかかわらず、**彼**は神であるだけでなく人間であり、神聖であるのと同じくらい人間的である。

私がたった今描いてきたものの人物画の状態——私の状態とはどんなものであろうか？　それに関しては人間的なことが多くある。たとえば、これらの腕の形やその中の痛みや苦痛、それらがたえず別のものに置き換わるなど。しかしまた超人間的なところもたくさんある。たとえば、その大きさとか、そのすべてを包含する性質とか。二つを合わせた全体は息を飲むような、しかし素晴らしく役立つ神格化された理想の極地である。これ以外に即座に検証でき、意味ある類のものがあるだろうか？　まさにここに私の最も厳密な検査のために差し出されているのは、神である人間と人間である神について、そしてそれら二つの性質がどう融合し、かつ区別されうるのかということについての、複雑でしばしば苦い（ときに死をもたらす）大量の論争への現実的で即決の答えである。しかし、さらにもっと重要なことは、ここに一日中、そして毎日、復活した人生を、つまり本当に神聖であるがゆえについに本当に人間的であり、本当に人間的であるゆえに本当に神聖でもある人生、中心化された人生を生きるための私の設計図があることだ。

さて以上、私が考えた十二のキリストの属性と、私が認識した私自身に関連する属性を対比して述べてみた。私の中心的な死後の属性は（取り急ぎ、思い出してほしい）、ハーディングと呼ばれている一メートルかそこら離れた手に負えない困った奴の死ぬ前の属性とは際立って異なっている。あなたについては知らないが、私自身はその適合具合がどれほどぴったりかということに驚きを禁じえない。

　私は皆さんも一三二ページのイラストが役に立つことに気づいてくれればと願っている。私には確かに役立ったことがわかったし、今でもそう思っている。私は自分が見ているものを描き、情報を与えられ、魅了された。それから、自分が描いたものを見て、あっけにとられている！　どうかこの幸福なヴィジョンのショックから私が決して回復しませんようにと私は神に祈るのである。あの中心から外れた死ぬ前の人生の終わりに近づいてきて、私にとって唯一重要なことは、時間のない私の源泉との融合であり、私以外のものであると同時に私が自分である以上にもっと自分である、一なるものへの私の自己転換である。そして私は、転換についてのこのイラストは、その転換を大いに助けてくれると思っている。そしてまたこのイラストは、磔にされた救世主が**彼**の命を昔、遠いところで私に与えてくれたというあのおなじみの聖像を、復活した救世主が今ここで私の中で**彼**の人生を与えてくれているというおなじみでない聖像によって完結することにも気づかせてくれる。ちょうどパウロが言ったとおりに。

　ここで、再びパウロの言葉に耳を傾け、私たちのイラストが彼の言葉を理解するのにどのように役立つかを注意してみよう。「太陽の栄光があり、また月には別の栄光があり、そして星々の別の栄光がある。というのは、一つの星は別の星とはその栄光において違うからである。同じことが死からの復活についても言える。それは腐敗の状態で蒔《ま》かれ、朽ちない状態で復活する。それは不名誉で蒔かれ、栄光の中で復活する。それは弱さの中で蒔かれ、パワーの中で復活する。それは自然の肉体として蒔かれ、スピリチュアルな肉体として復活する」

最後に、念のため、私たちのテーマに関して、ジョージ・ハーバート（イングランドの詩人。一五九三〜一六三三）が自分の「たった一つの音楽」と呼んだものに関して、さらにいくつかのコメントを紹介しよう。

**聖シメオン新神学者**（ギリシャのキリスト教の修道士、詩人。九四九〜一〇二二）

キリストが私たちの体の中で目覚めるとき、私たちはキリストの肉体の中で目覚める。そして私の貧弱な手はキリストである。**彼**は私の足に入り、それは無限に私である。私が自分の手を動かすと、素晴らしくもそれはキリストである。

**マイスター・エックハルト**

重要なことは、キリストの誕生が私の中で起こることである。この誕生をあなたの中に発見すれば、あなたはすべてのよきもの、すべての慰め、すべての幸福、すべての存在、すべての真実を発見するだろう……神はキリストの光で光輝き、キリストとともに、あなたが捨て去ったすべてのものを、そのすべてを含む新しい形態で何千回以上ももたらしてくれるだろう。

**ヘンリー・スソ**（中世ドイツのドミニク派の修道士。一二九〇～一三六五）

彼（スソ）は天国の賢い王子の一人に、魂の中の神が隠れている居住場所はどんなふうに見えるのかと尋ねた……それから、彼が内側を見ると、自分の心臓から上の部分は水晶のように透明であることが見えた……祝福されているものは、彼らの個人的主導を奪われて、別の形、別の栄光、別のパワーに変えられている。

**ジャン・バン・ロイスブローク**（ベルギーの神秘家。一二九三？～一三八一）

天国の父である神は、すべての人間を**彼**のイメージと姿形に似せて創造した。**彼**のイメージは**彼**の子であり、**彼**自身の永遠の知恵である。聖ヨハネはこの中ですべてのものが命をもつと言う。

**ジョージ・ハーバート**

キリストは私のたった一つの頭であり、私のたった一つの心臓、胸であり、私のたった一つの音楽である。

**ジェラード・マンリー・ホプキンズ**（イギリスのイエズス会所属の聖職者、詩人。一八四四〜一八八九）

私はまさにキリストの本質である。なぜなら、**彼**は私の本質であったからだ。取るに足りないこのジャック、貧弱な陶器のかけら、つぎはぎ、木材の断片も不死のダイヤモンドなのだ。

# 第11章　想像は白い尻尾をもっている

これは本当の話である。

ある日、私は両親に「たった今、町の大通りをウサギが歩いているのを見たんだ」と告げた。

すると彼らは「想像にすぎない！」と言った。

「想像は白い尻尾《しっぽ》をもっているの？」と、私はまったく無邪気に尋ねた。おわかりのように、このとき私は四歳頃だった。

この話の続編は、これもまたもう一つの本当の話であり、八十八年後に起こった。

私は「たった今、ウィグル・ワッグル（ゆらゆら揺れる生き物）が大通りを歩いているのを見た」と言った。

「想像にすぎない！」と人々は言った。

「だったら、このイラストのように、自分の腕を世界と同じくらいに広げ、頭部のない白いベス

トを着て、大通りを彼の中に歩かせているものも想像だと言うのかね？」
と私は彼らに尋ねた。

# 第12章　人間の堕落

人間の堕落は、その相対である人間の救済とともに宗教的教義の一つであるが、私たちは今日そんな教義がなくても立派に生きていくことができる。あちこちで見知らぬ人たちを引き止めて、彼らが救われているかどうかを知るように要求する人は誰であれ、トラブルを招く。

しかしながら、堕落は事実である。それは心理的下降であるばかりでなく、物理的空間を通じて、頂上から底へ物理的に落ちることでもある。それはまるで私たち一人ひとりが、自分の人生の若い頃に、深い井戸の中に落ちて、残りの一生をその中に囚われて過ごすという重大な危険に陥っているかのようである。

明らかに、誰かが井戸に落ちるときは、彼の足元に無害で役立つものとして広がっていたよい空間が、突然、彼の頭上に彼と世界を切り離して広がる悪い空間となるのである。彼は傷つき、孤独で、飢えて、早死にする運命だ――もし誰か彼の友人が彼の叫びを聞き、彼を安全で祝福された白

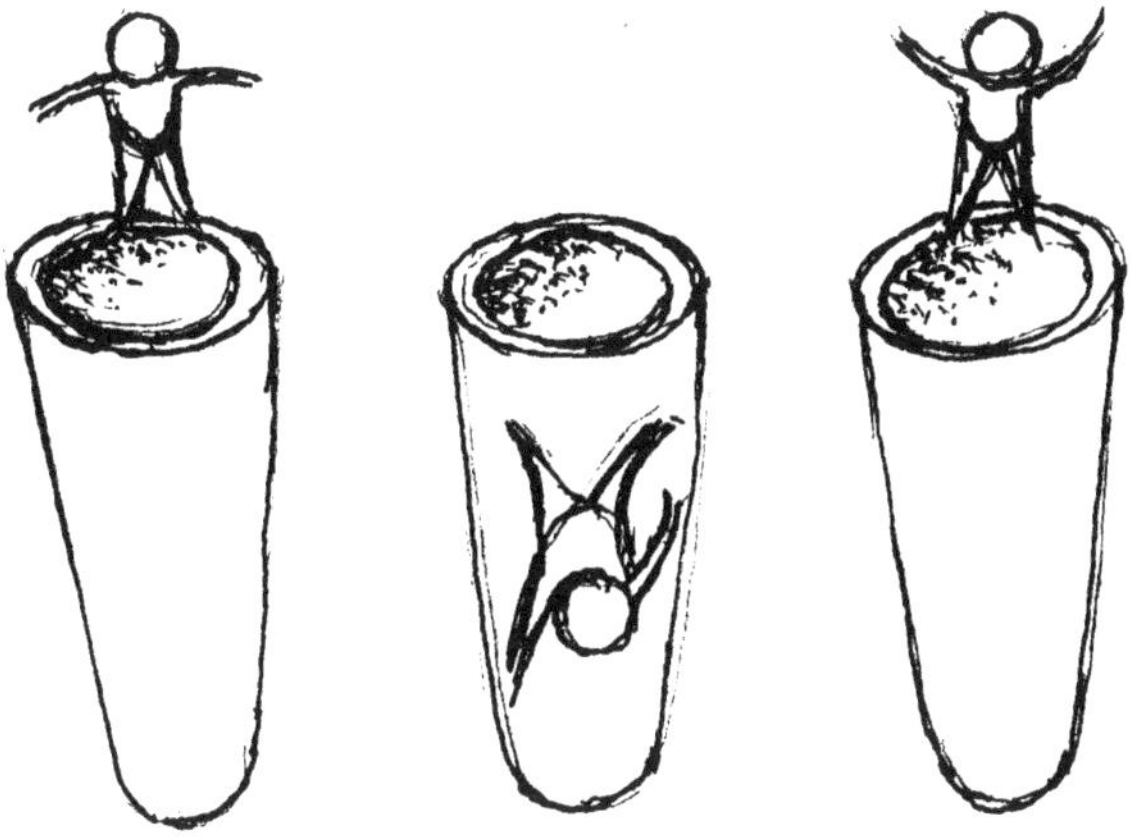

日のもとに助け出さなければ。

もちろん、もし大きな幸運によって彼が救われるとすれば、起こることは、彼の落下が反対になるということである。つまり、井戸の中で彼の頭上に残酷にも広がっていた空間が、再び彼の足元に押し込められて無害になるのだ。

これから、この三部作の話を、私自身の人生でうまくいったと思うことにもとづいて、再び語ってみよう。子供の頃の詳細は不確かな部分もあるが、全体像の正しさは保証する。

## 堕落前

私が初めて星々を見たとき、それらは指がチクチクすることも火傷することもなく、私が触ることができたかわいい小さいものだった。私の月は、それを掴んでいる私の手と同じくらい私に近く、手よりずっと小さいものだった。丘も木々も家々もまさに私のところにあり、それらはあらゆる大きさで（あるものは私の親指の爪ほど小さく、またあるものは私の体全体より大きかった）やって来た。地上の飛行機は何と大きく、空の飛行機は何と小さかったことだろうか！　そして、飛行機の中の人々は何と小さかったはずであろうか！　遠くの子供たち（と間違ってそう呼ばれているが）は、向こうでは完全な大きさの子供たちではなかった――彼らはピグミーの子供たちであり、ここではうれしいことに静かであり行儀がよかった。獰猛《どうもう》な犬も彼らがネズミほどの大きさにとどまって、ささやきで吠えているかぎり、まったく怖くはなかった。全体としてそれは、素晴らしくも伸縮自在の物事の世界に私が住んでいたというより、それらが私自身のものとして私の中に住んでいたのだった。私はそれらを押しやる何ももっていなかった。花を見ることは花咲くことだった。その匂いをかぐことはそのように香ることだった。輝く空の青さは私の輝く顔の青さだった。距離と呼ばれているあの意地悪な盗人はまだ私から遠かった。

私は遍在していたと言うこともできるだろう。あるいは、もう少し見栄えのしない言い方をすれば、その当時の私の世界は紙の薄さしかない二次元だったのだ。しかし、その薄さは実際の事実であり、確固とした証拠にもとづいていたということを否定することはできないだろうと思う（結局、誰でも、大人でさえ自分が見ているものを、その対象物の所在を突き止めた向こうではなく、自分がいるところで見ている）。それはまるで、天のグレイハウンド（獣猟犬）のように自分の星々を綱紐につなぎ、私があまりにきつく引っ張るので、綱紐の端と端を合わせてまっすぐに見るとそれぞれの綱紐の長さが点に収縮したかのようだった。

しかし、私の世界がまったく奥行きがなかったのに対して、私は非常に深かった。自分の存在の底なしの場所に基盤を置き、そこからやって来た私は、途方もない内部の資源を利用していた。だから、私が後からの年月よりもこの幼い日々により多く進歩したのは、当然のことだった。そして、私の成功の秘密とは、私はまったく自分がそう見えているものではなかったということだった。私は自分の世界がその中で起こるための境界のない明晰な空間だったのだ。私がこのよい知らせを伝える方法をもっていなかったという事実があったからといって、そのせいでこれがよりよいものでなくなったり、より真実でなくなったりするというわけではなかった。まったく逆だった。人々は私を小さいと呼び、彼らを大きいと呼んだが、彼らは何と無知だったことだろうか！

しかし、私の巨大さもまた何とつかの間だったことだろうか！

## 堕落

突然、私は崩壊し、物事から遠く離れ、それらとの接触を失った。私と宝の間にある距離が私の宝をすべて奪ってしまったのである。今、初めて、私は深さを知ってしまった。しかし、残念なことに、それはもはや私のものでも、内側にあるものでも、私を支えてくれるものでもなくなり、彼らのものであり、私の外側にあり、私を抑圧するものとなった。私はそんなにも深く、私の世界はそんなにも奥行きがなかったのに、今ではすべてが反転してしまった。ほとんど一晩で、遍在していたものがどこでも不在となってしまった。私の中に失われていた世界が突然、私がその中に失われる世界となったのである。そして、この下降が私の世界と私自身にもたらした違いは、どれだけ強調しても強調しすぎることはない。

私と私の世界の変化は相互にからまっていた。私の小さなキラキラ光る星は私から急速に離れていき、何光年も離れた超高熱のガス体の広大な地獄のような場所となり、明らかにそれらは私が決して所有しないか、所有したくないものであった。今や私は、機嫌の悪い犬とか気難しい子供たちとか威張りちらす大人たちを操作できる大きさに縮小したり、素敵なものに拡大したりする方法をもっていなかった。それらは距離にかかわらず、同じ大きさのままだった。向こうにバラがあり、ここに私がいて、私はその二つをいっしょにするどんな機械についても知らなかった。そしてそんな状況なので、私は孤独で小さく、見知らぬ土地の異邦人であった。かつて私は、大きな教会、鉄道の駅、空港を垂木に至るまで満たし、そこのすべての楽しい人たちを楽々とその中に組み入れたものだった。私は検査されないそれらの陽気な検査官であった。今や私はあらゆる人に検査される対象であり、叩きのめされ、収縮し、心配しながら、彼らの間をさ迷っている。何という下降であろうか！

私の本来の状態と私の堕落、前者の気楽さや自由と、後者の不安（あるいは病気）や制限との間の対照を正当に扱うのは不可能である。そして、おそらく私の堕落について最悪のことは、すぐにそれは私の自然本来の状態のように、そしてすべてを包含し解放され自由であった子供時代のかすかな思い出の大いなる改善のように見せかけるということである。私たちのほとんどは、自分がどれほど低く沈んでしまったのかわからないのだ。

この悲しい話を昔風に生き生きと語れば、ルシファー（悪魔・堕天使）は天国の天使の中でも最も賢く最高の天使であったが、彼は堕落した。しかし、彼は押されたのではなく、自分でジャンプしたのだ。天なる物事から自分を切り離し、彼のまっさかさまの下降に私たち人間を引きずり込み、彼は地獄へと着地した。

そこは一人ひとりが自分のことしかかまわず、自分だけの面倒を見、埋められない溝で他人と切り離されている最も深い穴。上の天国では、私はあなたと一つであり、下の地獄では、私はあなたなしの一人であり、私たちは永遠に二つである。私たちの堕落は、お互いが距離をとり、その距離が倍増するということである。私たちの救済は、私たちがともに再びいっしょになって、一なるものと一つになることである。

# 救済

あれほど親切にも深かった私は、今ではこれほど不親切にも浅い人になり、あれほど親切で奥行きのなかった私の世界は不親切にもこれほど深いものになってしまった。私は絶望し、底に触れた。そしてそのとき（そのときに初めて）、ある声が私に言った。「あなたには確かに救いが必要であり、あなたは確かに救われている。偉大な引き上げ作業は完了した。あなたはただ正気にかえって、自分はすでに天国にいると見るだけでいい」と。

それで私は、天国の気高さに移動する前に、再び子供のような楽しい、気楽な物事から始めることを重視して、見るために眺めた。なぜだろうか？　なぜなら、天国は楽しいだけでなく、楽しく真剣であり、それに対して地獄はユーモアがなく、重々しくくそ真面目だからだ。

私は自分のおもちゃの車や歩道の小人国の群集に戻るのに、エンパイア・ステート・ビルディングのてっぺんに登る必要もなければ、ハンググライダーをやる必要もないし、ヘリコプターに乗る必要もない。私がすべきことは、ただ通りに出て、車は速く人々はゆっくりと、たえず魔術的に拡大したり収縮したりするという事実に目覚めるだけでいい！　建物に関して言えば、それらが膨らんだり収縮したりするとき、それらが何とねじれて曲がることだろうか！　私は自分がそれとは反対のことを妄想して、完全に停止し、喜びで踊るのをやめた世界に自分が住んでいると夢見ていたことに驚いている。それは巨大な山々や大きな丘、かなり大きな木々や家々、小さめの人間と地を這《は》う生き物たちの**標準化された**世界である。地獄とは何と窮屈で、喜びを殺し、警察が支配する国であることだろうか！　私は自分が堕落する前の状態をバカバカしくて障害が多く、堕落後の状態を賢明で実際的であると思い描いていたことに驚愕している。

なぜ私はもっと早く、自分の怖れと孤独と喪失感と落ち着きのなさの理由は、地獄で嘘の始祖である悪魔が私に見るように言ったことに賛成して、自分が見ているものに盲目になり、それを拒否したせいだと気づかなかったのだろうか？

事実は好ましいものであり、嘘はそうではない。上昇した人生というか救われた人生は、古い堕落した人生とただ違っているだけでなく、あらゆる重要な点でまったく正反対なのだ。もう一度井戸の入り口に立つと、あなたは無限の内なる資源を所有する深い人である一方、上のここでは、素晴らしい宇宙の素晴らしい中心にいて、その中心はすべてのその半径を飲み込んでしまっている。天国における半径の廃止こそすべての違いを生み出すものであり、障害がなくなり、あなたが他人に場所を与え、真実、あなたは他人に命を与えることを確実にする——それは、そうするのがあなたの性質だからだ。

初めに深淵があった。それはあなたの中に安全にしまい込まれただけでなく、素晴らしく資源に満ちたものだったが、深く青い海と同じように、それはあなたをあなたの宝船といっしょに浮かせておいた。それから、あなたは船から落ちて、海の底に沈んだので、そのすべての深淵があなたの上にあり、宝船は海賊に略奪されてしまった。それから、あなたは間に合って救出され、海面に引き上げられ、再び船長である。

悪い深淵になったよい深淵が、再びよい深淵になったのだ。あなたは救われたのであり、絶対的に救われている！

# 第13章　現実の不思議な国の冒険

あなたはこの神秘の深遠を理解しているだろうか？
目に見える生き物の中で、こんなにも小さく、影であり埃の粒のような人間が、
自分の中心に神のすべてを所有している。

新神学者聖シメオン

時々、私たちは仕事や職業的心配事や地位から休暇を取るが、これは何と必要なことだろうか！　さらに私たちの**人間的**心配事と人間という地位からもしばしば休暇を取ることは、もっと必要なことではないだろうか？　そういった逃げ道は考えつくことができ、実行も可能だろうか？　あるいは実際私たちは、カタツムリがカタツムリ性の囚人であり、コガネムシがコガネムシ性の囚人であるのと同じように、自分たちの人間性の囚人であるのだろうか？　そして、私たちはあらゆる点で

利口であるにもかかわらず、自分たちが置かれている状態を客観的に公平に見ることができないばかりか、その状態に対して休暇を取ることさえもできないのだろうか？

これが、私たちがこれからここで提出する問題だ。私が見るに、それは**唯一**の問題である。私たちの観点をあまりに人間的でありすぎる立場から人間外（おそらくは地球外生物）の立場に移行するためには、見る者の中に巨大な**物理的**変化が必要となる。その物理的変化だけが純粋にその移行を保証するのだが、それこそここでまさに特筆すべき何かとなろう！　今回は、想像上の不思議な国のアリスの冒険ではなく、現実の不思議な国の私たち自身の冒険である。神の不思議な国、そう言ってもいいかもしれない。

しかし私は、自分が今どこに立っているのかについて明確になるまでは、この遠大なゴールの近く、あるいはもっと遠くまでたどり着くかどうか疑わしいと思っている。

刑務所から脱獄するためには、まず自分の刑務所を知らなければならない。したがって私たちは、この初期の段階で自分がもてるすべての正直さと公平さをもって、自分たち人間の状況を調べることから始めることにする。そのとき初めて、その状態から休暇を取るという最もありそうにない機会（これ以上それを高く評価しないようにしよう）が生まれるのである。

私は次の五つの特徴に目をつけた。もしそれらがあなたにとって受け入れがたいほど不愉快なものに見えるなら、まさにそれらが真実だからだ。そして、あなたがそれを早く認めれば認めるほど、より正気で幸福な国、不思議な国へ突破できる可能性が高くなるということである。

## 孤独

あなたと私は、ふたがきっちりと閉められている小さい箱に閉じ込められていて、それには南京錠がかけられている。あるいは、次のようにも言ってみよう。ここで私は自分の狭い刑務所の中にいて、あなたも自分の狭い刑務所にいて、私たちはその刑務所の独房の壁にある二つの小さい、そしてしばしば栓がされているのぞき穴から、お互いを注意深く見ている。お互いがもうこれ以上厳しく、寂しくなれないほどの状態の中で、孤独な終身刑を言い渡されている。

たとえば私は、あなたや他の囚人(何十億という囚人がいる)が、私が経験しているのと同じような触覚、臭覚、視覚といった感覚を経験するのかどうか、決して知ることはできない。そしてもちろん、さらにもっと困惑することは、これらの刑務所の壁はお互いの感覚が入って来ることができないのと同様に、お互いの思考と感情も入って来ることができないという理解である。私たちは生まれつき全員が見知らぬ人である。至るところにある疎遠と疎外以外にどんな地獄があるだろうか?

## 対決

私たち人間はお互いに対抗している。私たちの独房はそのように作られ、お互いがその隣人と対面し、対向している。そして、物理的事実から分離できないのは感情であり、感情から分離できないのは行動である。あらゆる部門で対決がそのルールである。それはあなたや私対彼や彼女だけでなく、両親対子供たち、男対女、老人対若者、宗教対宗教、主義対主義、国家対国家などのすべてがそうだ。私たちにこれ以外のどんな選択があるというのだろうか？　これが私たちの人生である。

## 死

一瞬にしてすぎ去るものが人生である。私ははかなさと、自分がどれほど死のプロセスを遠くまで進んできたのかを充分に自覚している、大地に留め置かれた羽のないカゲロウであるばかりではなく、途方にくれて脅えているカゲロウでもある。そして、永遠の忘却と死についての怖れから、また無数の怖れが派生し、それらは暗い根から繁茂する。

## 焦燥感

人間はそわそわして、不安で落ち着きがないと言うことは、滑稽なほど控え目な表現である。ダンテの地獄編の中の罪深い恋人、パオロとフランチェスカ（訳注：二人は義理の姉弟関係）の罰に苦しんで、私たちは焦燥感と残酷な風によってあちこちに吹き飛ばされているのだ。平和と静寂を求めながら、私たちは永遠に駆り立てられている。

## 喪失感

私の幻想では、私である人物はこの宇宙の中で何らかの重要性をもち、物事の計画の中でひとかどの人間であるというものだ。しかし私の運命では、この人物は何の重要性もなければ、またひとかどの人間でもない。私はこの想像できないほど拡大している宇宙の時空間の中でまったく失われている。自分の望みに反して、この荒涼とした荒地に投げ込まれている私やあなたの人生、その苦闘、その苦悩、その死以上に、無意味で無駄なことがありえるだろうか？

要約すれば、人間であることとは、孤独で他の人間と対立し、死につつあり、駆り立てられ、喪失しているということである。

この逃れられない真実は、あまりに苦痛なので、私たちは手に入るあらゆる手段でそれを抑圧する。そして、私たちがもはやそれを意識のカーペットの下に隠しておけなくなると、それを自分ではなく、他人に当てはめようとするのだ。ほとんどの人が、自分自身を絶え間ない麻痺状態に引きずり込むことに成功している。私たちの麻酔薬や鎮静剤の在庫には、宗教や一週間に三百ページの小説（それは現実の人生から逃れる虚構の人生である）、ビール、過剰行動、毎晩のテレビのメロドラマ、毎日の衝動的買い物、心を狭くする旅行、生涯にわたる不健康の享受といった形態が含まれている。近視眼的なものなら何でもいいのだ。しかし、もちろん抑圧することは、それに力を与えることである。私たち人間の苦境――私が今リストアップした主要な五つのすべてに加えて、無数の二次的なものも含めて――の完全な一撃に苦しむ確かな方法は、こういった苦境に対する気づきを締め出すように、目覚めているあらゆる瞬間を構造化することである。影のような暗黒世界に捨てられて、それらは私たちの悪夢を構成する材料となる。

事実は、もちろんこうしたことは逃れようがないことである。私たちは人間であり、私たちの人間性はただそのようなものというのではなく、まさにそれである。しかしだからといって、私たちがそれについて何もできないということではない。

私たちにできること、そして私たちがこれからやろうとしていることは、次のことである。私たち人間の状況についに意識のサーチライトを向けると、私たちは光の明るさを増す。言い換えるなら、眺めている人をもっと注意深くもっと正直に私たちは調査し、希望的で怖れに満ちた思考や言語、独裁者が私たちに見るように言っていることの代わりに、気分転換のために私たちが見ているものを見るのだ。その結果、私たちはいくつかの驚くべき発見をすることになる。

ある者たちにとっては、この非常に挑戦的で重大な事業は、私的で個人的な面だけでなく、共同的で公の面もある。友人たちと私は集まり（私はワークショップという言葉が嫌いだ）を開いて、そこで私たちの発見から導かれる新しい生き方、新しい種類の個人的な人間関係を試し、練習している。しかしあなたと私は、ここではもちろん紙の上でまったく同じことをいっしょにやる別の方法を発見しなければならない。

（あなたと同じくらい私自身も驚いているのだが）、それは漫画方式になることがわかった。ただし、普通の漫画とは次のことが違っている。この十一コマの漫画では、私はアステリックスやタンタン（訳注：フランスの漫画）とは違って、あなたを楽しませたり、教えたりするのではなく、少なくともあなたの貴重な三十分間を調査に、あらゆるものの中でも最も根源的で「やるか死ぬか」の調査に捧げることをあなたに求めている。正確に言えば、半分の絵はあなたの注意深い関心が必要で、もう半分はあなたの注意深い関心と行動が必要である。それでは、三十分間をよろしく！

ここで一言警告を。もし私があなたにやるようにお願いしているこれらの注意深い調査をやったら、それがどんなふうであるか自分はわかっていると思って、それゆえあえてそれにわざわざ従う気がしないなら、私はあなたにどんな冒険も不思議さも約束できず、ただ困惑と苛立ちと退屈だけ

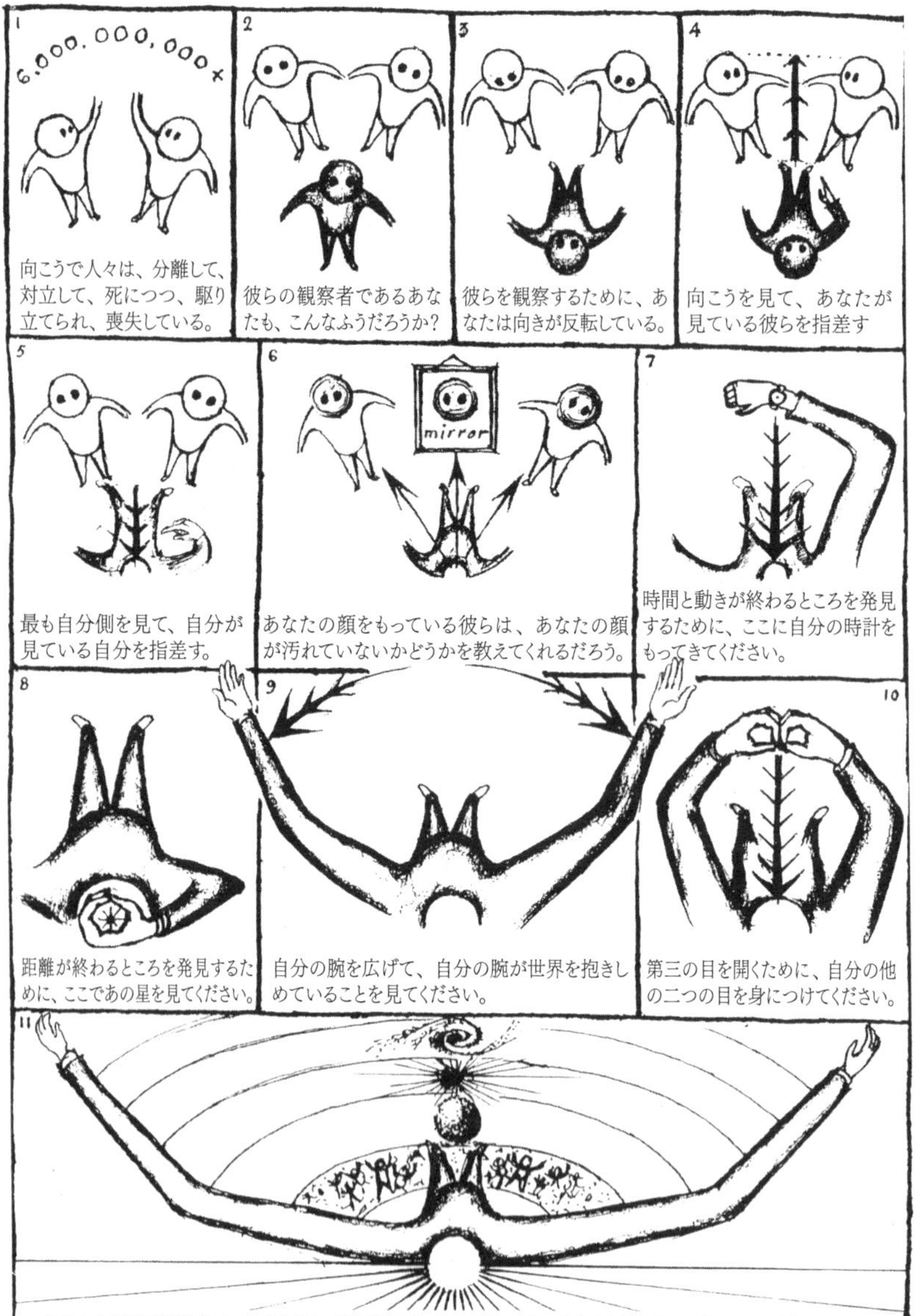
1
6,000,000,000 x
向こうで人々は、分離して、対立して、死につつ、駆り立てられ、喪失している。
2
彼らの観察者であるあなたも、こんなふうだろうか？
3
彼らを観察するために、あなたは向きが反転している。
4
向こうを見て、あなたが見ている彼らを指差す
5
最も自分側を見て、自分が見ている自分を指差す。
6
mirror
あなたの顔をもっている彼らは、あなたの顔が汚れていないかどうかを教えてくれるだろう。
7
時間と動きが終わるところを発見するために、ここに自分の時計をもってきてください。
8
距離が終わるところを発見するために、ここであの星を見てください。
9
自分の腕を広げて、自分の腕が世界を抱きしめていることを見てください。
10
第三の目を開くために、自分の他の二つの目を身につけてください。
11
今あなたは広く目覚めて、自分が腕の広がりと同じくらい広く、目の広がりと同じくらい広いことを見てください。

があなたには残るだろう。

さて、何が起こっただろうか？　あなたは、段階ごとに明確に、コマ2の滅びゆく小さい人間から、コマ11の境界のない不死の存在へと変容するのを経験しただろうか？　言い換えるなら、あなたは向こうの他人にとってそう見える外観から、中心でのあなたにとってのありのままのあなたへと切り替わっただろうか？　そして、あなたはこの二種類の自分自身の違いについて、正しく感銘を受けただろうか？　もしそうなら、心からおめでとうと私は申し上げたい！　その場合は、次のパラグラフは飛ばして、読み進んでもかまわない。

もし私たちの十一段階の調査の一部もしくは全部が理解できなかったとすれば、もう一度今度は、もっとゆっくりと時間をかけてやってほしい。そしてそれでも、もしうまくいかないときは、この章の終わりの注を参考にするとよい。私はそれらが役に立つものと思っている。

さて、私たちの調査プロジェクトを、これを考案した私自身といっしょに首尾よく実行したあなたにとって、それを評価するときがやって来た。

あなたは私たちが人間的状況から休暇を取ることが、どうやって可能かを考えることでこの章を始めたことを思い出すだろう。そして、それに続いてその状況がどれほど絶望的で、その休暇がどれほど必要とされているか認めたことを思い出すだろう。それゆえ、私たちは自分たちの中心と観点を人間外、そして実に地球外の生物の位置に移すことに非常に熱心だった。その移行は非常に大きいので、(あらゆる種類の他の変化とともに)見る者に劇的な物理的変化を余儀なくもたらすときだけ、それが現実であると確信することができたのだ。それは宇宙的に証明可能な変化、とでも付け加えておこう。

こういった物理的変化は確かに起こったし、それらは確かに劇的なものだし、開かれた心の探求者は、いつでもどんな場所でもそれをチェックすることができる。最初の2コマの小さい者と、私たちが到達したコマ11の巨大な者をただ比較してほしい! その対照は完全である。そしてあなたと私は、私たちが今もいつでも眺めているのは前者からではなく、後者、巨大な者(その者の中では、私の中心とあなたの中心は一致している)からであることを見るのである。私たちはあの小さい者を**もっている**が、しかし私たちはこの巨大な超人で**ある**。あの小さい者は、軽蔑されたり否定されたりするべきものではなく、それが生まれ、変化して、死ぬ向こうの物事の領域に置かれて大切にされるべきものである。物事がそこから生まれ出て、またそこへ死んで戻っていく何でもないものとの融合のおかげで、私たちはこのことを今ここでおこなうのだ。

私たちはこういった革命的結論に到達した。だから、まったく世俗的方法によって、社会がここにあると言うものの代わりに、実際にここにあるものを見るために眺めることによって、そして権威ではなく情報に拝礼することによって、どうか気づいてほしい。どんな聖典もどんな聖者も必要なく、また宇宙的漫画に忍び込むことさえ必要ない。それにもかかわらずあなたは、私たちのまったく素人的で現代的喜劇は、世界の偉大なスピリチュアルな伝統の聖なる喜劇にうまく融合することに同意するだろうと私は思っている。たとえば、もしあなたがたまたまアドヴァイタ（インドの非二元論哲学）の信者であれば、「そうだ、私の第三の目は広く開いていて、それは二番目がない一なるもの、私であるところの一なるものの目である」と言い、またたまたまあなたが仏教徒であれば、「仏陀が言うように、私は自分を外部の避難所に連れて行かない。私は**外に出かける**ことで、誕生も老いも死も生まれ変わりもない場所に到達することはできないのだ」と言うのが私には聞こえる。あるいは、もしあなたがイスラム教徒であれば、「預言者が言うように、アラーは私の首の血管よりも私に近い」」、キリスト教徒であれば、「パウロが言うように、私ではなく、私の中のキリストが生きている。世界を抱きしめるこれらの腕が、キリストのもの以外、誰のものだろうか？　私のまさに核にあるこの光と愛、これらは私のものではなく、ただ光であり愛である一なるものと私が融合しているおかげではないだろうか？」となることだろう。

そして、私たち自身の最も個人的で最近起こった世俗的発見が、人類の最も普遍的で古くからある聖なる発見とぴったりとつながり合うとき、私たちは確かに幸運に向かうのだ。もしそれらの合体したメッセージが私たちのハートに書き込まれ、それによって生きるためのものでないとしたら、一体それは何なのかを教えてほしい。

さて、あなたの宗教的重荷がどれほど重いものだろうと（あるいはどれほどその多くを捨てたかもしれないとしても）、あなたは一なるものの恩寵（とある者たちは表現する）によって燃料を与えられ、世俗的で平凡な発射台から、確かに最も素晴らしい不思議の国に飛び立ったのである。

あなたは自分がここに到着したことをどうやって確信し、楽しむことができるだろうか？

私はたった一つだけ方法を知っている。それは、飛行によってその一部を失い、そして残りを作り変えたこのロケット——跳躍者を変身させるこの跳躍——が、人が地上で苦しんでいる五つの基本的トラブルにどのように対処するのかを日々、毎瞬気づくことである。では、この人間特有の病気を一つひとつ取り上げ、それらがこの非常にダイナミックな治療法に癒されるのを見てみよう。

## 孤独

私が色がついてザラザラした感触の不透明なあの何か、見るからにどんな人もどんなものも受け入れる余裕のない、コマ2に閉じ込められている小さい奴である**かぎり**、もちろん私はただあの者であり、すべてを排除していてかぎりなく一人である。しかし、私が本当に色がなく、感触がなく、透明な何もなさ、見るからにあらゆる人とあらゆるものを受け入れる余裕のあるコマ11のこの開かれた者である**かぎり**、もちろん私は彼らであり、すべてを含むがゆえに再びかぎりなく一人である。どちらにせよ、私がコマ2、3、4の小さい者であれ、コマ11のこの大きな者であれ、私は一人である。しかし、この二つには違いがあるのだ。私の人間の能力（の欠如）の中では、私は排除することによって一人であるのに対して、超人の能力では、含めることによって一人である。事実、私は唯一の単独なるものに他ならない。そして、私の人間的孤独の完全な解毒剤は、私の聖なる孤独である。

これが実践でうまく働く方法は次のようなものだ。以前私は、「自分の意識」と呼ぶものをダグラス・ハーディングの中に置き、それをコマ2のあの者の私的所有物として主張していた。言い換えるなら、彼の恐るべき寂しさは彼自身が作り上げたものだったのだ。しかし今では、私は正気にかえって中心をコマ11の者、唯一の意識である一なるものの意識に移す。そして私がここに中心を置き続けるかぎり、長期の囚人の寂しさをめぐるすべての大騒ぎは消えてなくなり、私が必要とする他人の経験に「テレパシー的に透視的に」近づくことができることに気づくのである。これが私の瞬間瞬間にできるすべてであり、それ以上でもそれ以下でもない。そして、私はあなたにも次のことを申し上げたい。

寂しい者から単独なるものへの一メートルの（しかし天文学的な）跳躍を続け、そしてその跳躍のおかげで、あなたが創造者の心経由ですべての生き物たちの心にどのように着地しているのかを自分で見てほしい。

## 対立

私たち人間――私たちちっぽけな人間――が対立を避ける方法はないのである。あなたは私たちがお互いに面と面で向き合うようになっているのを見、私たちがそうであると人々が言うのを聞き（誰が顔対空間などという話を聞いたことがあろうか）、その多重の結果を観察して、それに耐える。あなたには何重もの証拠がある！ しかし、近くに別の目撃者が待機していて、証言したがっている。あなたはこの目撃者として、自分が個人的に、あれらの無数の人間の目撃者とは著しく対照的に、まったく別の種、別の生まれ、別の存在の秩序に属していることを誓う。自分がいるところで、自分のありのままの姿を今ここで眺めるとき、あなたは今までに、わずか一秒の間でも、決して誰とも何とも、自分の最悪の敵でさえ、あるいは親友とも、犬とも猫とも他のどんな生物とも決して対立したことがなかった、いや対立することができなかったことがわかる。

人間それ自体では、どれほど愛情深く、どれほど親切であっても、誰のためにも消えることができないのに対して、人間の本質である一なるものは消えることしかできない。キリスト教の言葉で言えば、驚くべき真実とは、あなたの心には自ら与える愛があり、それはあなたと世界のために死ぬということである。

## 死

遅かれ早かれ、あらゆるものは非物質化される。あなたがあれやこれやの何かであるすべての領域においては、あなたは滅びゆくあれやこれの何かである。しかし中心では、意識的に見るものは見られるもののために消滅し、あなたは何であれ何でもないものである。何もないところでは、変化も時間も登録する方法がなく、登録すべき時間もない（コマ7）。ただあなたの時間なき不滅の核に目覚めていれば、死の恐怖とともに、そのすべての恐るべき付随物も消滅するだろう。あるいは、次のようにも表現してみよう。もし死ぬことが嫌なら、決して死なない唯一の一なるものとの融合が、あなたには提供されていることを思い出してほしい。

## 焦燥感

あらゆるものがうるさく、不安定で、動いていて、生、成長、老い、死という車輪に束縛されている。しかしあなたは、永遠にあの車輪の中心点に位置しているので、一ナノメートルも動かない、何でもないものである。それゆえあなたは、時計の針が示す時間だけでなく、自分の時計の針の動き、そして本当に詳しく調べると、実に時計そのものがどのように消えてゆくかを見た（コマ7）。

そしてこれからは、自分の車を運転しているとき、列車や飛行機の中にいるとき、あなたはただそこでは、自分が実に窓ガラスの向こう側にある世界の不動の動かし手であることを見るために眺めるだけでいい。向こうにあるあらゆるものは、星からその下にあるものまで、ずっと目に見えてあなたの静寂さの中で動いていて、それが近ければ近いほど、速く動いている。あなたはこれ以上ワクワクする冒険を考えつくことができるだろうか？

## 喪失感

私たちは今まで、人間としてのあなたは宇宙の埃以下であり、この広大さの中でどれくらい絶望的に途方に暮れているかを見てきた。しかし、私たちはまたあなたの本当の姿である一なるものとしては、宇宙があなたの中で失われ、そしてまた発見されることを見てきた。あなたの広く開かれた腕は、すべての大きい、そして小さい生き物を包み込んでいる。そして、あなたの単一の目はロウソクの炎と同じくらい快適に何百という星座の動きを取り入れている。疑いもなく、この開放性や広く開かれた腕と目のように生きるには多くの練習が必要だろう。しかしそれは、いつか遠い将来に何かを達成するために生きるための人生ではなく、今ここにくつろぐための自然な生き方であることを覚えておくことは役に立つ。

さて今まで、私たちは言葉やイラスト、するべきことを充分に提供し、あなたの超人性が人間性とどれほど完全に協調し、その世話ができるのかを示してきたが、もしあなたの超人性がそうするようにあなたがゆるすなら、私はうれしく思う。中心でのあなたの本質は、表面的あなたにとってどれほど必要とされている薬であり、その完成であることだろうか。そしてあなたは、自分のまさに中心にその全体が生きている無限の善のパワーによって、どれほど自分のみじめさと過失から救われていることだろうか。このたえず更新されるあなたの発見は、決して宗教的ゴミと麻薬的おしゃべりで窒息している堅苦しい宗教的教義ではなく、現実の不思議の国の中の終わることのないワクワクする冒険なのである。

しかし私は、本当の中心から意識的に生きられた人生は、安全で苦痛がなく安楽で、継続的に喜びに満ちることになるだろうと言っているのではないことは、あなたに注意しておきたい。本当の冒険はより困難なことからできている。これらの偉大な腕は世界の栄光と冒険だけでなく、その苦しみも抱きしめている。これらの腕は礫の苦悩を知っている。そうだからこそ、世界の恐るべき苦痛を克服できるのである。本当の喜び、つまり影を投げかけず、変化を知らない喜びは、厳しい試練を通じてやって来るのだ。私たちの深淵には、冒険家の中でも最も意気揚々としているだけでなく、最も勇敢で勇気があり、最もタフで刺激的で偉大なるリスク・テイカー（危険をおかす者）が住んでいる。もし聖なる喜劇役者がいなかったら、もしその驚くべきスターや芸人がいなかったら、私たちの宇宙漫画、私たちの聖なる喜劇それ自身は一体何だろうか？　私はこの章を神からあなたと私に届いた無数のラブレターだと思っていて、神は私たちが**彼**といっしょに、というより神**として**——驚きの中の驚き、慈悲の中の慈悲であるが——くつろぎ、行動するように招待しているのである。

## 注

もし私たちの漫画のメッセージが、あなたにとってあまりになじみがなく、ところどころナンセンスであるとしたら、あるいはそのメッセージが私にはあまりにおなじみなので、今までそれを明確にできなかったとしたら、私は次の注が役に立つと信じている。

それでは、11コマの漫画を一つひとつ点検してみよう。

**コマ1**　私が人間的状況の五つの不幸な面を取り上げたのは、それらがみじめだからだけではない。別の理由もあるのだ。私たちがついに勇気をふるって人間的状況の不幸な面を見たとき、実はそれらは私たちにはまったく当てはまらないことに気づくという明白な事実にもかかわらず、私たちはそれらから目をそむけるからである。

**コマ2**　人間の基本的妄想とは、人は向こうから他人によって見られても（あるいは「他人の目を

通じて」自分自身から見られても)、ここから自分自身で見られても、同じだということだ。

コマ3　もしあなたが、自分が面と向かっている人と正反対であるということを見るのが困難なら、次のことを試してほしい。前腕を水平に保って、それをゆっくりと下げ、腕の上にある(その上に「乗っている」)相手の頭、首、胴、足、足の先をその順番で観察しよう。それから今度は、自分の足の先、足、胴をさっきと反対の順番で観察しよう。

コマ4　では今度は、あなたが相手の人から見るもの、色がついていて、模様があり、不透明であるものを足のほうから、髪に向かってゆっくりと上がっていきながら手で指し示してみよう。

コマ5　では、その作業を自分の足から始めて、今度は自分自身の上で繰り返そう。自分のシャツやブラウス、セーターが視界から消えてゆく場所に来たとき、**左肩から右肩の半円の前線(そこではその洋服の色と模様と不透明さが爪といっしょに消える)を自分の人差し指で描く。**そして黄檗希運《おうばくきうん》

（唐代の禅僧。？〜八五〇）の言葉、賢人は自分が見たものによって生き、愚か者は自分が見ていると思うものによって生きるという警告に従って、これからはその前線に敬意を払おう。

次のコマからは、その前線を越えた色がなく模様がない透明な空間、私たちがそこから見ている空間の驚くべき機能を検証していくことにする。

**コマ6**　その「占有者」、あなたの所有物の中でも最も愛され、最も関心をもたれている、あなたが自分の顔と呼んでいるあの色のついた模様のある不透明なものはどうなっただろうか？　それは解放され、前線から一メートル向こうで自分を確立している。それはあなたのまわりの空中に出没している単なる幽霊ではなく、それは家の中の家、多くの家を見つけたのである。あなたの鏡はそれらの一つであるが、（漫画の中の）あの二人の人たちは同じように親切である。あなたとは違って、彼らはあなたが頬にゴミをつけていないかどうか、髭の上に卵をつけていないかどうかを言える立場にある。

**コマ7**　異なった場所は、異なった時間をもつものであり、あなたが向こうに行くときには、腕時計や柱時計を見て**何時か**をチェックする。あなたが自分自身を訪れるとき、家では何時かを発見するためには、自分の時計をちょうど自分の目のところまでもって来る——すると、ここでは**時間がない**ことを発見するばかりである！　本質的にあなたは時間のない存在である。

**コマ8**　あなたが見るものを、あなたは自分がいるところで自分がいるときに見る。その光がはるばるあなたのところに届いたときだけ、あなたはその対象物を登録する。それぞれの星はお互いから目に見えて離れているが、それらのどれ一つもあなたからは離れていない！　事実は、あなたは遍在している（あらゆるところにいる）のである！

コマ9　目の前の場面がどれくらい広くても、自分の腕でそれを抱きしめよう。あなたは自分の腕が何も取り残すことがないことに気づくだろう。では今度は、あなたと同じくらい腕が広がっているような誰かを見つけられるかを見てみよう。

コマ10　あなたはメガネをかけているだろうか？　それなら、私はこの本の金額を賭けて誓って断言するが、あなたがかけているのは二個のレンズのメガネではなく、それとは反対に、自分の単一の目と合うようにレンズ一つの単眼メガネをかけている！

コマ11　最後に自分の単眼メガネを取って、それをまた普通のメガネにしよう。しかし、あなたは一つ目巨人のままであることを確認する。自分の手で、あなたが見ているその起源である単一の目の限界を見つけられるかを見てみよう。もし限界が見つけられなければ、それはその所有者が無限だからだ。

# 第14章　神を信じること

私は神を信じることは困難だと思っている。明らかに公認された神、広告されているような神、公式の神、あるいはたいていの賢明な人たちによって考えられているような神（とでも言っておこう）を信じることは困難である。

その理由は次のようなものである。

1、重力か、ある種の聖なる気体のように、**彼**はあらゆる場所にいて、一般的にはどこにでもいて、ある特定のところにはいないように思えるのだが、そのせいで**彼**を見つけたり、居場所を特定したりするのが困難である。

2、同様に、**彼**は時間を超越し、あらゆる歴史中に広がって、ある特定のときにはいないように思えるのだが、そのせいで**彼**とデートしたり、約束したりするのが困難である。

3、そして、**彼**は完全に目に見えない。そのせいで、自分のまわりの人々や物質よりも、**彼**のことを真剣に受け止めることがずっと困難である。

4、今まで述べてきたことすべては、「**彼**が純粋なスピリットであり、したがって肉体がない」という信念を裏付けるものである。それは言うまでもなく、非常に深く信じられている。そして、「**彼**には肉体がない」が、どれほどスムーズに「**彼**は誰でもない」に滑り込んでしまうことだろうか！

5、「肉体がない」ということは、確かに「脳がない」ということを意味し、そして「脳がない」ということは、たいてい「心がない」と受け取られている。J・B・ワトソン（アメリカの行動主義心理学の創始者、一八七八～一九五八）とB・F・スキナー（アメリカの行動分析学の創始者。一九〇四～一九九〇）は言うまでもなく、ラマナ、ニサルガダッタ、鈴木大拙博士（海外に禅を広めた日本の仏教学者・文学博士。一八七〇～一九六六）といった最近の賢者たちの結論も、心の問題は私がそれをもっている、あるいは私はそれであると考えることだという点で一致している。そのことに付け加えて私は、私が解放されている重荷を神も背負いそうにないと言いたい。では、私はどうやって、**彼**は肉体がないのと同じくらい、心もないという結論を避けることができるだろうか？　あるいは**彼**の心は、もしそれがあればだが、私のものとは非常に異なっているはずなので、それは何か別のものと呼ばれるべきだと言うほうが、おそらくより適切なのだろう。実際、少なくとも私の実際においてはそう言うことが、**彼**の非現実性についてのあれこれの議論を終わらせるに充分だ。

6、自分に非常に似ているのであまりに簡単に想像でき、明らかに自分の投影であり、神人同形である個人的神を信じることも困難であれば、また同様に自分とはあまりに異なるので、想像することができない非個人的神を信じることも困難である。どちらにせよ、私は不可知論者である。

7、そして私は、不当な苦しみから救うために、ほとんど何もしてくれないように思える愛情深い神を信じることも困難であれば、また同様にこの点に関しては私よりも愛情のない冷淡な神を信じることも困難である。どちらにせよ、また私は不可知論者である。

さて、私はあなたについては知らないが、以上述べたことが、神の存在を疑う私の理由である。それらはつまりは大変な状況だということだ。だから、現代社会が神の存在を気にしないことも当然なのである。

それでは、私は神を見捨てた、そして神に見捨てられた信者、嫌々ながらだとしても無神論者だということとだろうか？　私は本当に**彼**を追放してしまったのだろうか？　神は永遠に、私の失踪者リストのトップにくるのだろうか？

疑いはどうしてもなくならない。たぶん**彼**はまったくそのようなものではなく、私の暫定的な神のモンタージュは、その七つすべてが間違っていて、それらは**彼**がどんなものでないかについての確実なガイドとさえなっている！

では、見てみよう。今述べた不可知論に対する七つの理由を取り上げて、それらがどのように検査に耐えうるかを見てみよう。

## 1、神はどこにいるのか？

まず私は、神の正確な居場所を突き止めることができると主張する男女(彼らの中には、聖人や賢人だけでなく、類まれなる才能に恵まれた詩人たちも含まれている)が、偉大な宗教の歴史を通じてまばらに存在してきたという、興味をそそる事実から始めることにする。彼らの主張は、まるで神が最も捕獲困難で豪華な蝶であるかのように、**彼**の位置をピンポイントで正確に示すことができるというものだ。彼らが言うには、この途方もなく巨大な宇宙の中で、神があなたと私を待っているあの最も広大な宮殿の中の宮殿へと開かれているたった一つの地点、一つの点、一つの極小のドアがある。とにかく彼らはそう言うのである。では、私たちの現在の状況にそれを当てはめることで、彼らのメッセージに正確さと迫力を与えてみよう。彼らがそれほど高く評価している地点は、あなたがもはや自分のシャツやブラウスやセーターなどを見ることができない場所、それが視界から消えてゆくところ、私たちのイラストのY地点(あなたから見てYの場所)に他ならない。ここで、ここでだけ、神を見つけることができると、彼らは私たちに自信をもって言う。

これらの権威者によれば、神のこのお気に入りの場所は決して最も見つけにくい場所でも、最も到達しにくい場所でもなく、実に最も見つけやすく最も到達しやすい場所である。しかし、これが本当にその場所であることを確認するためには、**彼**を訪問する適切な時間が何時かを知り、これらの権威者が正しいのかどうかを発見する必要がある。

## 2、神はいつ家にいるのか？

**彼**を正確にどこで見つけたらいいかを私たちに教えてくれている同じ人たちが、また正確にいつ**彼**を見つけたらいいかも私たちに教えている。実際彼らは次のように言っている。宇宙の広大な時間の長さの中で、あなたが神に連絡をとることができ、**彼**があなたを迎えるのを待っているただ一つの瞬間があると。

それはいつなのだろうか？

今、自分の腕時計を眺めてほしい。それはあなたが**彼**と会う約束をした正確な時間を教えてくれる。その他の時間は、**彼**は用で外出している。そして、さらに素晴らしいことは、**彼**だけが今Y地点にいて、**彼**だけがあなたといっしょにいて、存在している。その他のすべては私たちのイラストに示されている場面も含めて不在であり、非常に多くのXが向こうでブラブラしている。そして向こうにあるものは、あなたがそれらを見る光が時間をかけてY地点のあなたのところに到達したときだけ、存在するのである。

ここでもまた、私たちの最初のモンタージュがいかに劇的に反転されたかに気づいてほしい。偉大なる逃亡者、捕まえるのが困難だと思われていた**存在**が、最も近くにいて、逃げることがない唯一の**存在**だとわかったのである。

あるいは、そうであると彼らは私たちに教えている。私たちはY地点で何が示されているのかを見るために眺めることで、彼らが真実を言っているのかどうかを今、チェックしなければならない。

## 3、神は目に見えるだろうか？

ここに先ほどのイラストに追加を加えたものがある。

あなたはそれを自分の地図、X地点から三十センチ離れたY地点への旅の地図と呼んでもいいかもしれない。その旅は外に出かけるというより、内に出かけるものである。あなたはこの貴重な人生のためにその旅（それはあなたが今までにした最も現実的で、最も決定的な旅）をするのだが、その方法は自分が今見ているものから自分が何から見ているかへ自分の注意の比重を移すこと、つまり、（今読んでいるページの中の）印刷された言葉とX地点という文字から、Y地点でこれらを受け取っているものへ注意を移動することによってである（念のため言っておけば、もちろんそれは、あなたが自分をそうだと見ている透明性の上にある印刷されていないY地点のことであって、あなたが見ているものを描こうとした私の不透明なイラストの上に印刷されたY地点ではない）。

あなたの透明性の上のY地点を指差し、それを続けよう。あなたはリモコン、つまりこのイラストで示されているように内側を指し示す人差し指によって便利に開く**ドア**（あなたの家の車庫のドアのように？）を指差している。

現在の証拠にもとづいて、指で指し示されているもの、あなたにとって最も中心的なもの、あなたの本拠地、あなたがそこからやって来ている場所を観察しよう。自分が何から見ているのか、あなたが考えていること、信じていること、そう言われていることやそう感じることではなく、あなたが実際にそうであるものを観察しよう。時間をかけて、ゆっくりゆっくりゆっくり、完全なる注意をもって、ドアYはあるがままを示すために自動的に開くかどうかをチェックしよう。あるがままとは次のことである。

・境界がなく、あらゆる方向に無限に拡大している。
・透明で、しみ一つなく、空っぽである。
・空っぽのための空っぽではなく、私の絵におおまかに示されているように、何であれ現在提供されているもので満たされるために空っぽである。
・あらゆる滅びゆくものを容れるための変化のない、それゆえ時間がなく、不滅の容器、いつの世も変わらぬ子供たちの永遠の遊び場。
・後であなたが車を運転するとき、風景と空の景色の不動の動かし手。

指差しを続けよう。

今もし、この最も近く、最も小さく、しかし一番いいドアから入って、あなたが明確に（要約して言えば）境界がなく、空っぽで、満たされていて不死である一なるもの、あなたの中でこのすべとしての自分自身に広く目覚めている一なるものを見るとすれば、そのときには自分のハートの中心に、唯一の一なるものである神を見つけたと知るのである。

ラーマクリシュナは「あなたが神を見た後で初めて、あなたは**彼**のことを語る権利がある」と言っている。仮にあなたが今まで充分な探究心と注意をもって、前述の調査を実行し、私があなたに探すようにお願いした特徴を確実に見つけたとしたら、あなたはその権利を獲得したということである。さらに、正確にどこで**彼**を探すのか、正確にいつ探すのか、正確にどうやって探すのか、そして正確に何を探すのかを知っているので、あなたは自分のまさに中心と源泉で**彼**を**思いのままに**今、見ることができる。さらに、神**だけ**が常に導いてくれ、あなたが神を一番必要として、その他のものを一番必要としないときに、神**だけ**が存在していることを、あなたは思いのまま見ることができる。ただ神だけである！

私は今、あなたの核においてこの完全な一なるものを見ることとは、瞬間的に完全に見ることだと表現する。つまり、そもそも神を見ることとは、**彼**のすべてを**彼**のあるがままとして一度に見ることであり、あなたの起源を部分的にぼやけたまま見ることでは決してない。それは、その起源が生み出す産物を眺めるときとは、どれほど異なることだろうか！　たとえば、片手はこの本をもち、もう片手はその読者を指し示しているあなたの手を例にとろう。あなたがどれほど長く、注意深くこの場面――このおなじみの物体の途方もなく複雑な模様、色、パターン――を研究しても、あなたはその大部分を見逃し、そして自分が得たことをすぐに忘れてしまう。さらに、あなたはその対象物の反対側と内部を残している。つまり、その対象物を構成している小さいものとそれが依存している大きなものの階層を残していて、それらなしでは、その対象物は表面でさえなく、まったく何でもない。だから、私は次のように言うのである。物事とは時間と空間の中で、あまりに複雑で、あまりに見失われていて、あまりに散らばっているので、見られることはないと。せいぜい、それらはちらっと見られるだけである。完全に単純で、完全な存在の神である目覚めた何でもないものだけが、厳密に言えば、そもそも見られることができるのである。そして、神以外の誰が神を見ることができるだろうか？

そう、神を見ることは神であることなのだ。この王の中の王の気前のよさ、優雅な歓待はあまりに素晴らしく、**彼**のあらゆる客が**彼**自身の目——**彼**を見、**彼**の中にすべてを見る目——を与えられ、それによって光照らされているほどである。X地点からY地点へオリンピック以上の跳躍をしたあなたよ、今、見てみよう。自分が何から見ているのか、何がこれらの印刷された言葉を取り込んでいるのか、再び見てみよう。Y地点であなたは、それ自身をユニークで単一であると見て、広い世界よりも広く、世界を破壊したり再創造したりする聖なるパワーに恵まれている目を開いたのである（人々は、あなたがやっていることはただ、非常に小さい人間のてっぺんの突起物の中にある、一組の小さいのぞき穴を閉じたり開いたりしているだけだと言うだろうが、あなたは騙されたりはしない。彼らはここで何が起こっているかを見るにはあまりに遠く離れている)。

要約すれば、まったく目に見えないどころか、その神自身のまさに目という極上の贈りものと誕生プレゼントのおかげで、神だけが完全に目に見えるものである。さて今、私たちの貴重なモンタージュはもう何も価値がないものなのだろうか？

しかしながら、疑問が湧き起こる。何であれ何でもないものとしての神のこの明確なヴィジョンは、**彼**は完全に肉体がなく、非現実的で、風とともに去りぬということを意味しているのだろうか？ 風がどれだけ気持ちがよく、帆を満たしてくれるとしても、私はそんな実体のない風のような神を急いで積み込むことはしないし、まして私の水先案内人として、そんな神を受け入れたりはしないと正直に申し上げる。

## 4、神は肉体をもっているのか？

ここでついに私たちのモンタージュは正しいことが可能となるのだろうか？ 野蛮か病的、あるいは情けないほど迷信深い信者以外に誰が(と私は自分に尋ねる)、百パーセント純粋なスピリットである神をあえて何かの器や型に移し変えることができるだろうか？

再び見てみよう。

まず、読者であるあなたから始めるのはいい考えだと思う。というのは、あなたは神のイメージで創造されていて、それゆえ**彼**の肉体化、あるいはそれの欠如に関して、鍵を提供することができると、私は当然考えるからである。まず、他の人間がいなければ、あなたの肉体は人間の肉体ではないという事実(動物に育てられた野生の子供たちは人間ではない)、そして、あなたの肉体が依存している生きた無数の肉体(細胞)なしには、それは生きてはいないという事実、さらにあなたの肉体が住んでいる無数の天文学的肉体なしには、それは完全に無価値であるという事実に直面しよう。たとえば、四肢を切断されても、あなたは何十年も生き延びることができるが、しかし自分の太陽を切断されたら、どれくらい生き延びることができるだろうか？　今の自分であるために何が必要かを自分自身に尋ね、その見積もりから、どの天文学的、地球的、人間的、人間以下のレベルを省くことができるか私に教えてほしい。この宇宙を構成している、見事に緊密に編みこまれているこれらのすべての肉体の本当の肉体とは何だろうか？　その宇宙の中では私たち皆が他人の洗濯物を引き受け、わかりやすく言えば、あらゆるものが他のあらゆるものに依存し、それらを条件づけていることで生活している。本当の体はそういった宇宙以外の何だろうか？　宇宙以下では役に立たないだろう。あなたがここですべてであり、物事の全体であり、あなた自身のまさに身体である一つの絶対に分割できない肉体であるまで、あなたは正常ではない。それはもちろん決してあなたの人間としての能力によってではなく、中心と周辺であるあなたの本当の姿である一なるものとの融合によって可能となる。

言い換えれば、ただ一つの肉体だけがあって、すべての肉体はその断片、ないしその器官と細胞なのだ。そして(正しくも明白なことに)肉体化されていると主張することで、あなたは(正しくも内々に)神であると主張しているのである。この事実(それは科学のまさに土台に隠れている)が支えている喜びが、この世界の中でのあなたの人生をこの世界としてのあなたの人生へ、どれほど変える可能性があるのか、ただ考えてほしい!

またしても四度目も、私たちのモンタージュは逆さまにされた。私たちは神が一つの肉体をもっているかどうか、ないし**彼**が一つの肉体であるかどうかを尋ねた。その答えは、「いいえ!」である! 絶対違うのである。**彼は唯一の肉体**なのだ。何でもないものはあらゆるものである。そして、もしあなたが私に、この肉体はあまりに死にかけて、あまりにゴチャゴチャで神の肉体ではありえないと言うなら、レンブラントの絵の上を這いずりまわり、あの巨大な暗色のキャンバスの上で弱っていた伝説のハエについて、私はあなたに言及しよう。それは飛び立つまで絵全体を支配していたのだ。

しかし、まだ疑問は残っている。もしこの巨大な肉体の傑作がそれに釣り合う心をもっていないとしたら、それ自身の心をもっていないとしたら、何のいいことがあるだろうか?

## 5、神は心をもっているのか？

では、私たちが「自分の心」と呼んでいるものを、すばやく眺めることから始めよう。再びあなたが、あなたにとっての鍵となる。

あなたも私も、私たちが避けようもなくどれほど「心が狭い」かを知っている。私たちが経験していることは、経験するためにそこにあるすべてのことのほんのわずかな断片にすぎない。この「狭さ」を嘆くべき傾向と解釈するのではなく、歓迎すべき財産と解釈してみよう。もしあなたに、たえず私の心やその他のすべての心の中で起こっていることが押し寄せて来たとしたら、あなたはどうやって自分自身の人生を生き、自分自身の心をもつことができるのかと尋ねたい。あなたが知りたくない、そして知る余裕がない膨大な量の心の物事があるのではないだろうか？

もちろんそうであると、あなたは同意してくれることだと思う。しかしだからといって、膨大な心理世界で起こっている事柄があなたに閉ざされているとか、必要なときにそれを引き出せないというわけではない。

他の人々の調子や場所の雰囲気を感じる私たちの普通の能力は言うまでもなく、膨大に記録され、一部は確証されているテレパシー、透視、予知、過去世の思い出を含むＥＳＰ（超感覚的知覚）の事実を考えてほしい。また、聖人たちが何に到達したかも考えてほしい。（神を中心にしている）

聖職者である司祭に悔悟者《かいごしゃ》は、自分たちの心や人生で何が起こっていたのかをすべて告げる必要はなかったのである。司祭は自分の仕事を見事にやるに充分なだけそれを知っていたのだ。今、私はあなたにお尋ねする。これらのすべての超常的な現象は常時何を示しているのだろうか？　一つの心以外にあの一つの肉体に合うものがあるだろうか？　何をどうやってやればいいか知っているこの底なしの貯蔵庫以外、必要なときに私たち皆が利用でき、そして（同様に重要なことに）必要でないときはスイッチを切ることができるものがあるだろうか？

真実はと言えば、私たちは皆大元につながれているのである。私たち一人ひとりは、多かれ少なかれ、うまく設備を配管され、瞬間瞬間に私たちが受け入れることができるだけの心理的情報を流し込むバルブがついている。事実、ちょうど私たちがついにたった一つの肉体だけがあると発見したように、今、それに合うたった一つの心だけが存在し、（完全に区別されながら、完全に融合している）その二つがいっしょになって、私とあなたの本当の姿である一なるものの肉体と心を構成していることを、私たちは発見しつつあるのだ。

この結論を決定づけるために、私はあなたが次のことを試みることをお勧めする。あなたの一なるもののヴィジョンが、どれほどあなたをますます多くのものへ、そしてそれらについてあなたが知る必要があるすべてのことへと開いていくのか、さらにそれがどれほど自動的に必要に応じてあなたのバルブを調整するのかを観察してほしい。

そうこうしている間に、（私たちのモンタージュが提案しているように）一なるものは心がないどころか、まるで素晴らしくあれこれと心を配っているように確かに見える。それは実際、過去に存在し、そして未来にも存在するであろう厳密に分割できないたった一つの心なのである。しかし、私たちがさらに、あなたの心全体は唯一の心の全体でもあるため、あなたはまさに神のすべての思考を入手できる能力を享受できるかもしれないと言うとき、あなたはそのことを疑い、ショックを受けるかもしれない。「私のＩＱは高いかもしれませんが、でもそんなに高くないことは確かです！」とあなたは異議を唱えるのである。

さて、あなたが次のＧＱ（神の知性）テストに合格するかどうか見てみよう。あなたが実に神のジャンピング・シューズを履いて、（エックハルトがしたように）神へとジャンプしたというすべての積み上げられた証拠のうち、最高のものが一つある。それは次のことを尋ねることから始まる。なぜそもそも何かが存在するのか？　なぜ意識の痛みや意識のうずき、あるいは物事のかけらのかけらとして、これほどたくさんの物事が存在するのか？　なぜただ何でもないものだけが、それが何であれ存在しないのだろうか？　自己生成する一なるものが、何の助けも理由もなく、存在しない自力で自分自身を存在へと押し出しながら、原初の混沌《こんとん》と最も暗い夜から奇跡的に、いや不可能ながらも噴出し、それがあなたを驚かせ楽しませているのではないだろうか？　もしそうなら、そのまさに非常に特別で終わることのない奇跡から生まれた、このまさに特別な喜びに小躍りし、驚き、感嘆に満ちているのは、それは神としてのあなたであり、決してジェーンやヘンリーなどの人としてのあなたではないと、私はあなたに確信させることができる。自己生成する神の「不可能な」奇跡の後では、何十億の宇宙の創造はいつも起こっていることであり、何か特別なことではなく、決まりきったことである。

しかし、自己生成する一なるものの言葉にできない素晴らしさと神秘は、私たちに親しみやすい**彼**や**彼女**というより何か恐るべき**それ**がここにいる、近寄りやすい誰かというより異星人がここにいるという感覚を残す可能性がある。そこで次の質問へ移る。

## 6、神は人だろうか?

確かに神の巨大さ、**彼**の純粋性やすべてを包括する性質、時間を超越した性質と時間に満ちた性質、たえず動いている静止、創造と破壊の技術、そしてとりわけ実用的な自己生成の技巧、これらの聖なる様々なリストはかなりの量になるので、私たちは神のことを、ジョーンズ氏は人であるという意味で人であるというより、超人や非個人的なものと考えてしまうはずである。あるいはこういった特徴は、そのすべての荘厳さにもかかわらず、あなたが自分の友人と呼んだり、信頼したり、許しを請うたり、冗談を言い合ったり、助力を得たり、頼ったり、そして自分の最高の望みは**彼**の中に自分を失うことだと思えるほど愛したりする存在のものだろうか？

ここで少し、私たちが人ということで何を意味しているのかを見てみよう。日常生活においては、文法上のように、私たちは三種類の人を区別している。向こうにいる人は三人称である。私に面しているようなあなたは二人称である。そして、ここにいて彼やあなたを取り込んでいる私は第一人称である。そういう存在として、私は私たちのイラストのY地点に中心を置き、そこから機能している。したがって、私は次のように言うことができる。向こうには彼が存在し、私に面してあなたが存在し、まさにここでは私が存在する。

この「私は存在する」という第一人称は常に単数であるだけで、真実、どんな第一人称複数も存在しない。厳密に言えば、「私たち」という言葉は、社会的には欠くことができないものでありながら、それは罠であり、目隠しであり、最も強力で中毒性の幻覚剤である。たとえば、「私たちはワインを味わっている」という表現を例に取り上げてみよう。私とあなたが同じことをしているというそれが暗示している意味は、間違いである。現在の証拠にもとづいて起こっていることと言えば、**向こう**のグラスのワインは、近くのX地点の中の唇と歯で囲まれている穴の中へと消え、そこではワインは味がないままであるのに対して、**ここ**のグラスのワインはY地点の唇も歯もない深淵の中へと消えていき、ここではそれは味わうためのものである。そして、仮にあなたが世界中のぬれた唇のワイン愛飲者たちをもてなしているとしても、それでもまだあなただけがあらゆるX地点の中の孤独なY地点での、唯一の唇のない味わう人である。第一人称単数として、あなたは単独かつ一体であるばかりでなく、単独かつ独特でもある。そして、あなたのワインは二重に聖なるものとなっている。なぜなら、それはあなたと一なるもの、すなわち単独なるものとの融合を祝うだけでなく、それを確認するからでもある。

現実には、マイスター・エックハルトが指摘しているように、神だけが「私」と言う権利をもっている。そして私がそうするときは、それは単独の第一人称単数現在形である一なるものと私が一体であることの恩寵と好意によるものなのだ。そして私があなたや他の人たちを人だと思うときもまた、あなたが人であることは**彼**のものであり、いわゆる**彼**からあなたへのローンとかフランチャイズのようなものであるという意味を認識している。神を離れては私たちは皆誰も人でなく、お互いに接触がなく、見知らぬ人であり、恐れている。ジョージ・マクドナルドが「神の中でだけ人と人とが出会うことができる」と言ったのは、きわめて正しかった。

私たちは神が一人の人かどうかを尋ねた。その答えは「いいえ!」である。**彼**は**唯一の人**であるのだ。**彼**は今存在する、あるいは過去に存在した、あるいは未来に存在するであろう最初で最後の、そして唯一の人である。したがって、人である唯一の方法は**彼**になることである。再び、私たちのモンタージュによれば、あなたと私が人であることはそれほど確かで、神が人であることはそれほど不確かだったが、これは、これ以上間違うことができないほど間違っていたのだ!

さらにもう一つの質問。仮に神が唯一の人であるとして、**彼**はあなたが融合だけでなく、友情も経験できる種類の人なのだろうか？　あなたは**彼**のことを小さい自分以上に大きな自分として、しかし本質的には自分以外の人として楽しむことができるだろうか？

X地点からY地点に、**彼**の喜びの中に三十センチのジャンプを続け、そして**彼**との関係がどう発展するのかを見てほしい。あなたが聖人たちの人生を読むとき、それがどんなものであるのかについて何らかのヒントを得るかもしれない。あなたは人々がますます自由にますます頻繁に、自分のまわりの人たちと話すよりも、神とおしゃべりしていることに気づくだろう。逆接的には（そしてこのレベルのことは、あらゆることが逆説的である）、神との融合が維持されればされるほど、愛すべき相談相手として、そして親友としての**彼**との親密さがますますリラックスしたものとなり、軽くなるのだ。

しかし、人々や私の言うことを信じないように。ただそれを自分自身で発見してほしい。未来の楽しみではなく現在の楽しみのために、喜びのジャンプ、**彼**の喜びへのジャンプを練習し、練習し、練習し、そして自分で見てみよう。

しかしその喜びは、それがまた愛でもあるとき、**彼**の愛への、愛のための愛ジャンプであるときだけ完全になることだろう。だからまた、尋ねてみよう……

## 7、神は愛情深いだろうか？

神は冷たいのか、それとも思いやりがあるのか？　あるいは（驚きの中の驚き！）、**彼**は唯一のパワーであり、世界の背後の栄光であり、また世界の救済者であり、私とあなたが生きることができるように死ぬ愛なのだろうか？　福音を説いた私たちの祖先たちは結局正しかったのだろうか？

私のこの最後のそして強烈な疑問を解決するために、向こうで、多くのX地点の人間領域の中で何が起こっているのかを見て、それから神の居住地であるこの中心、今ここのY地点で何が起こっているのかと比較してみよう。

私たちはただ、**対立**が人々のゲームの最も基本的で不可欠なゲームであることを眺めて理解するだけでいい。そして、私たちは相手と実に対称的に**面と面**が向き合っていて、お互いに正面衝突する進路を進んでいるのだと自分たちが言っていることに耳を傾けるだけでいい。そして、確かに私たちはそのとおりに感じ、そのとおりに行動する。当然対立するので、私たちはそのように凝り固まっている。次のようなことわざがある。もしそれがアヒルのように見え、アヒルのように鳴き、泳ぐとすれば、それはアヒルである。同様に私たちは、自分がそう見えるもの、自分がそう語るもの、自分がそう振舞うものである。

私たちはそれである。私たち一人称複数（と間違ってそう呼ばれているもの）は逃れようもなく、明らかに対立のために作られている。しかし、第一人称単数はそうではない。私がここでは異なった目的で異なった計画に従って作られていて、そしてわずか一秒の間も自分の人生で誰かと対立したことがないことを見るには、私はただ眺めるだけでいい。

私がこれを書いているとき、妻のキャサリンがちょうど部屋の中へ入って来た。そのすべてのあるがままと複雑さをもって向うにあるものはあの親愛でおなじみの顔であり、彼女の顔は彼女をまさにここで歓迎している一なるものの単純さと目覚めた開放性と私の顔のなさの中に示されている。

この一なるものは、キャサリンの夫のようなものが決してできない何かをしていて、それは彼女や別の人のために痕跡も残さずに消えることである。実際、彼女のために死ぬこと、彼女が生きることができるように死ぬことである。私は「死ぬ」と言ったが、事実この聖なる現在の死は、この人物にできるどんな消滅の偉業よりも無限に深く、より致死的である。そしてそれは、葬儀屋がどうにか処分する九十キロのきわめて複雑な肉の塊に帰してしまうこの人物にまもなくやって来る人間的な死より、無限に深く致死的である。そういった人間的な死に対して神は、単純で肉の塊がなく、何かに帰すことができないので、すでに処分されているのだ。キャサリンの邪魔をする**彼**の漂流するクオークさえここには残っていない。すべてを排除する何でもないものとしても、あるいは何も排除しないすべてとしても、本当の第一人称単数は対立を粉砕する。

言い換えるなら、神だけが愛するために作られている。自ら与える愛は**彼**の専門である。ただ神だけが自分の命を、**彼**のまさに存在をあなたと私のために惜しみなく与える仕事に従事している。そして今、私も自分がその例に習ってキャサリンのために消えているのがわかるが、私は恩寵によって、そういった完全なる愛の行為をできるほど偉大でかつ謙虚な**唯一**の一なるものとの融合として、そうするのである。

そして、冗談——私に対するものだが——とは、私たちの最初のモンタージュで、私は神のことを、これ以上非情なものはなく、あるいは少なくともこれ以上私たちのために何もしてくれないものはないと描いたことだった！

では以上で、あの重荷を背負い、ほとんど理解されていない言葉「神」が表しているものへの私たちなりの再評価を終わりとする。そして、神を訪問し、**彼**を自分自身で見るようにとの**彼**からの熱心な誘いを私たちがいったん受け入れたら、**彼**が実際どんなふうに見えるのかについても、これで終わりとする。

神はあらゆる場所にいて、場所を特定することができないどころか、**彼**はまさに今ここにいて、最も近く最も親愛なるものであり、最も親しきものである。また神は目に見えないどころか、**彼**は常に輝かしくも開示されていて、**彼**の完全なる単純さには部分的景色もぼやけた景色もゆがんだ景色もない。また神は遠く離れていて、あの世的で肉体をもたないどころか、**彼**だけが完全に肉体化していて、完成であり全体であり、あらゆる肉体の癒しである。また神は心がないどころか、**彼**だけが唯一の心であり、私たち皆が頼りにしている大元であり、物事をおこなう**彼**の信じられない技術の背後にあるのは、**彼**の不可能な存在の技術である。また神は、クリスマスのサンタクロースのような非人間やジョーンズ氏というような人であるどころか、**彼**は本当の第一人称単数であることがわかり、人であることは**彼**であることである。そして最後に、神は私たちの失望に無関心どころか、**彼**は最も高い天国から世界のはきだめ、最も低いところへ降りてきて、無となり、私とあなたのために、皆のためにそこで最も深い死を死んでいる一なるものであることがわかる。私たちの人生を苦しめる問題――存在するのか、あるいは存在しないのか――に対する神の逆説的ながら完全なる答えとは、**彼**の中にあり、**彼**として存在し、**そして**存在しないことである。自分の命を失うものはそれを守ってもらえるのだ。

短く言えば、私が信じることができなかった一なるものは、私が確実に信じられる唯一のものとなったのである。信じられないほど神から逸脱していたのは、私が自分であると考えていた人物だったのだ。そして反転したのは、この探求の発見だけでなく、この物語の著者についてもそうである。つまり、疑う余地のない人間が疑わしい神について語った物語が、疑う余地のない神が疑わしい人間について語る物語となったのだ！

にもかかわらず、あの周辺的で疑わしい人間の手足は、この世界、これらの伸びた腕がその全体を抱きしめているこの巨大な世界で、神の仕事を実行するのに欠くことができないのである。

# 第15章　再生誕、おめでとう

イエスは言う。

よくよくあなた方には言っておく。人は再び生まれないかぎり、彼は神の王国を見ることはできない。

仮にあなたがすべての道を行き、あなたの成長がどこかの段階で止まらないなら、あなたは何度も生まれ変わる。大人は三番目の再生誕である。

この成長の最初の段階は、もちろんあなたの母親の子宮の中で費やされ、そこではわずか九ヶ月であなたは一粒の塵、たった一つの極小細胞から巨大で複雑な多細胞動物へと成長する。それから今度は、二番目の子宮である社会的子宮の中に生まれ、そこでは数十年かけて、あなたは最も無力な動物から様々なことができる人間へと精神的肉体的に成長する。もしこうしたことがすべてうま

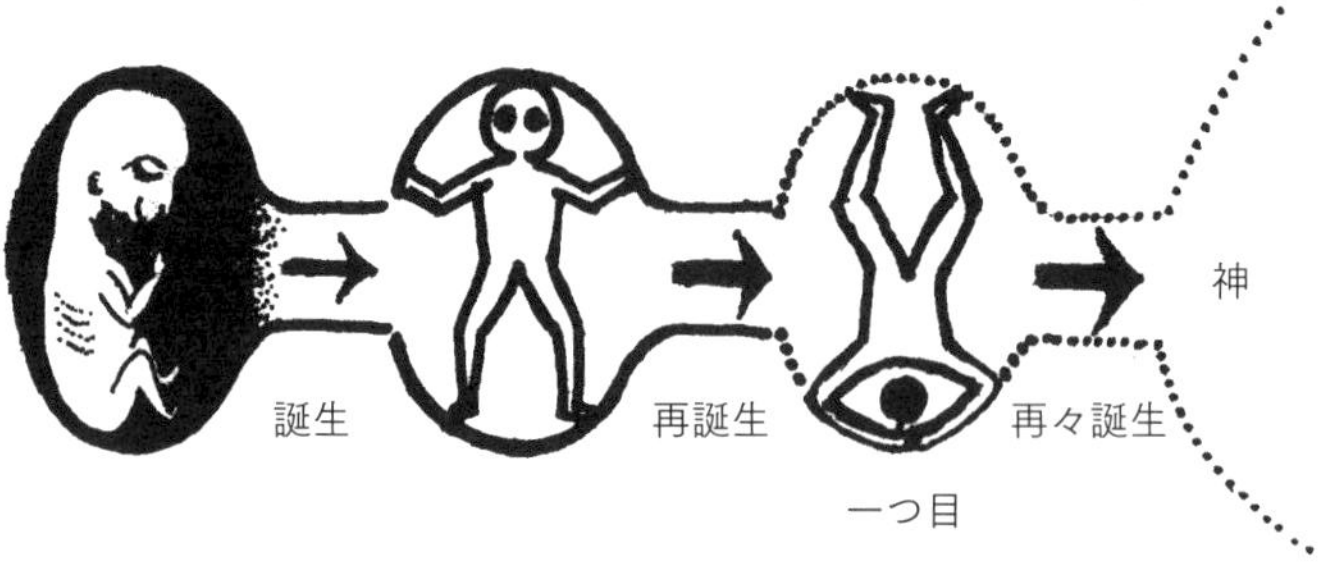


くいけば、この後あなたはスピリチュアルな共同体である三番目の子宮に再生誕し、そこであなたは単なる人間から目覚めた存在へ、存在と非存在の両方に目覚めた存在である見者へと精神的かつスピリチュアルに成長する。そして、最後にいわゆる死において、あなたは神へ、宇宙的子宮へ生まれるが、そこは実は決してあなたが去ったことのない場所である。

上のイラストは、私たちの人生の物語を全体としてまとめるのに役立ち、私たちに自分のプログラムと、私たちがどこかの段階で留まっていないかどうか、成長が止まった症例に陥っていないかどうか、検証するように注意を促してくれるだろう。

私はそれがまた、この章全体を構成する次の四つの見出しの元でおこなわれる詳しい議論においても役立つことを希望している。

1、あなたの個人的な子宮物語は、あなたの祖先の物語が時間を短縮して反復再現されたものである。

2、それぞれの段階の意味は、次の段階になるまで明らかにされない。それは常に自分自身よりも一つ前方へ行っている。

3、一つひとつの段階で、あなたの誕生は、「通常の分娩」方法によるものかもしれないし、また「帝王切開」によるものかもしれない。

4、あなたの死は、時間のない世界へのあなたの誕生である。

## 1、反復再現

私はまず発生学から始めることにする。もちろん誰もが、母親の胎内で人は何十億年という生命の進化を光の速度で駆け抜けることを知っている。

それなら、なぜそれについて歌ったり踊ったりしないのだろうか（とあなたは尋ねる）。**なぜなら、自分自身に当てはめられるときは、それは最も抵抗され、最も覆い隠される事実だからだ**（と私は答える）。あなたがたまたまアシブトコナダニや蚊、クモなどに出会って、それほど遠くない昔の自分の生物学的地位より上であるこういった親戚に帽子を取って、もし丁寧に挨拶するとしたらどうなるだろうかと私は尋ねる。あるいは、若いときの自分と比べれば、神か天使であるようなハエに挨拶するとしたら？　あなたはおそらく狂人として烙印を押される危険に陥るだろう。あるいは、自分の人生は分娩室で始まり、ホスピスで終わると力のかぎりそう言い張るいわゆる正常な人たちによって、精神的治療を受けさせられるかもしれない。しかし真実は、時計時間ではなく成長時間で測れば、産婆が母親の子宮から社会的子宮の中へと取り出す生物はすでに年をとってしわくちゃであり、生命の凝縮であるその生涯の最後の瞬間にやっと到着したのである。

それよりゆっくりで、抑圧されておらず、ずっと平凡な成長とは、二番目の社会的子宮における人の肉体的精神的な成長である。それは生物の中で最も傷つきやすく、最も障害を背負った生物が、たとえばトリプルサルコウ（フィギュアスケートのジャンプの名前）を跳んだり、スヌーカー（ビリヤードの技）で百四十を破ったり、朝食の間にタイムズのクロスワードを完成させたり、オックスフォードとケンブリッジ大学で二科目最優秀を達成したりすることができる生物へと成長することである。あるいは、さらなる成長とは（もっと途方もなく重要で困難なことではあるが）、人の社会化が表面的であること、そしてあらゆる礼儀の下に隠されているあの生まれつきの秘密の利己主義と野蛮さを、正直に継続的に認識できる生き物へ成長することである。そして、このすべての驚くべき技能は、五百万年の人間の歴史とそれ以前の歴史を、人の誕生証明書やパスポートやその他身分証明書に現れる人物としてのわずか二十年の人生へと凝縮している！

悪くはない話であるが、しかし確かにそれだけでは充分ではない。もしあなたが神の王国を見たい（繰り返すが、**見たい**）と思うなら、あなたは再び生まれなければならない。

あなたは人間の共同体である子宮2をずっと見通して、スピリチュアルな共同体である子宮3

に入らなければならないのだが、スピリチュアルな共同体とは、距離のない中心での自分の**本質**と、一メートルかそこら離れたところから自分がどう**見える**かを区別する人たちの交流である。このスピリチュアルな共同体のメンバーは世界中にまばらに散らばっていて、それぞれの宗教的伝統の独特の言語を話すが、それにもかかわらず密かに内部ではお互いに連絡を取り合っている。それは、非常に巨大な子宮だと言えるだろうし、その中ではあなたの胎児的成長は大部分隠されてはいるが、だからといって現実でないというわけではない。現実で、そしてきわめて必要不可欠である。というのは、あなたが自分の本当の姿を最初に一瞥するのは完全であるとはいえ、それは非常に短く、それが安定し自然になり努力がいらなくなるまで育成される必要があるからだ。また、あなたの重心の中心が頭からハートへ降りて、そこへ留まる必要がある。このスピリチュアルな共同体が過去四千年にわたって到達し享受している愛、善、喜びに満ちたヴィジョン、それをもしあなたが充分に望むならば、この素晴らしい成長のすべてはあなたが到達し、長きにわたって楽しむためのものである。

それはあなたが到達し楽しむためのものではあるが、しかし主張すべきものでは絶対にない。私たちの三番目の究極の神への誕生は、ますます明白になるものの確認であり、つまり喜びに満ちたヴィジョンそれ自身は言うまでもなく、私たちがもっているような愛と善と知恵は、神のもの、神だけのものである。それは私たちが恩寵によって神と永遠に結びついているときだけ、あなたや私のものなのだ。
反復は連続的子宮の中の歴史の凝縮であり、生命の偉大な法則の一つである。そして、究極の歴史の凝縮は、私たちの故郷である時間のない一なるものの中、永遠の存在の中にある。

## 2、意味ある移動

子宮の中での成長の特徴は、その時点では役に立たず無意味であるが、誕生後に必要となるものを予測することである。何も掴むものもないのに、母親の子宮の中で手を成長させ、吸うべき空気がないのに肺を成長させ、真っ暗闇の中で目を成長させたのは、何のためだったのだろうか？　それらは皆、あなたが第二の子宮、社会的子宮の中に生まれたときに、実力を発揮し、意味のあるものになるのだ。

同様に、子宮2での人間としての人生の多くの段階と価値は、次の段階、子宮3の中でようやく明らかになる。たとえば、再び目を例にとると、子宮2では、私たちは**二つ**の小さいのぞき穴を通じて世界を見ていると確信している。子宮3の中でようやく私たちは正気にかえって、私たちの巨大な単一の目から見始め、それはあらゆる存在の中にいる**唯一の見者の目**である。ここにもっと個人的な例がある。若い頃、私が子宮2の中でグラフィック・デザイン、建築、建築工学を訓練した隠された理由は、最終的にはそれを子宮3で、第一人称単数形の構造と機能へ応用するためだったのだ。それゆえ、私の本当の仕事の重要な部分である図や表は、きわめて異なる世界の異なる目的で獲得された技術から来ている。

さて、話をもっと一般化すると、「苦しみの世界は魂が作ったものである」（訳注：「この世の苦しみは、人の成長に役立つ」くらいの意味）という古い決まり文句はたまたま真実である。私たち自身の言語で言えば、もしすべての人間の生命と価値と達成が朽ち果て、死と永遠の忘却で終わったら、もしそれがすべてであるとしたら、結局それらは無意味であり、死神が最後の高笑いをする。ただ三度目に生まれること、時間から時間のないところへ生まれることによって初めて、そのすべての苦闘と歓喜をもった時間生物はそれほど完全に**救われる**のだ。だから、その生き物の最低の者たちさえ価値あるものにされ、状況全体に欠くことのできない貢献をするのである。

あなたは、「具体的にはどういうことですか?」と尋ねる。

では、国立美術館にレンブラントの絵がかかっていて、あなたはその絵の表面を這う近視眼のハエだと想像していただきたい。あなたは一度に絵全体のほんの一部分しか取り入れることができない。あなたがすでに歩いてきた絵の部分は過去の中にあり、あなたがこれから歩かなければならない絵の部分は未来にある。その一方、現在あるものはこの暗くて陰鬱な斑点である。しかし、あなたの昆虫魂の中には永遠に希望が湧き起こる。あなたの後ろ、過去の中にはいくらかの色鮮やかな

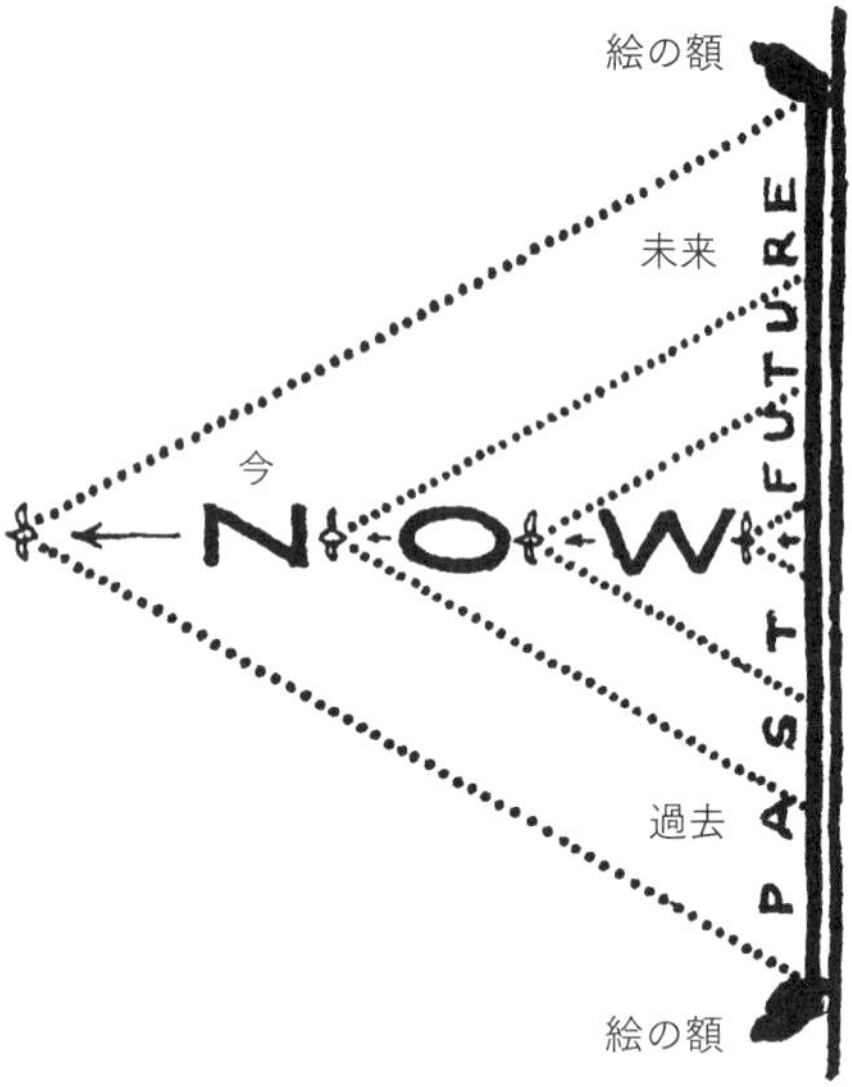


部分があった。あなたの前方、未来の中にも、同じように明るく魅力的な部分があるかもしれない。いずれにせよこの時点で、あなたは困惑して、まだ絵を眺めながら飛び立つのである。そして、あなたは絵から飛び立つことが、絵をもっと取り入れることになるのを発見する。

　それはあなたが過去のものとして無価値なものとしていることや、未来のこととして延期していることをますます**現在にする**ことである。そしてついには、祝福されたハエのようになるのだ！——あなたは神の時間のない——時間に満ちた傑作を楽しんでいる**彼**の天使の一人のようなものである。時間悪魔はその傑作を隠すことはできるが、決して破壊することはできない（そして、親愛なる天使よ、永遠はあなたから隠されているなどと、私に言ってはいけない。あなたのような天使は、常に時計を身につけながら、時にはボーイング747の翼ももっている。向こうの時間世界ではあなたの時計は時間を教えてくれる。しかし、今ここでの時間のなさを時計が告げていることを発見するためには、ただそれを単一の目のところまでずっともってくるだけでいい。というのは、よく調べてみるとここでは、時計の針や数字はおろか、時計さえ消えてしまうからである。中心ではあなたが永遠そのものである）。

要約すれば、一つの子宮から別の子宮への意味ある連続的移動は、次のとおりである。（a）人の子宮内人生の役立たない器官から、人の人間人生での多様な使い道へ。（b）人の人生の無意味な出来事から、人のスピリチュアルな人生への欠くことのできない貢献へ。（c）人のスピリチュアルな人生のバラバラな冒険から、永遠の神性の中での統合と完成へ。

## 3、産道による分娩か、あるいは帝王切開か？

あなたの最初の誕生、母親の子宮から社会的子宮への誕生は、もちろん通常の分娩かそれとも他の方法によるものだった。あなたは産道を通じた通常の方法で取り上げられたか、それとも外科手術で取り上げられたかである。

あなたの二番目の誕生、社会的子宮からスピリチュアルな子宮への誕生も本質的には似たようなものだった。しかし今回、そのトンネルは新しい形態であり、それは血と肉ではなく、紙からできている。そして、もし私がこれを**普通**の分娩方式と呼ぶとしても（実際私はそう呼んでいるが）、私は確かにそれが伝統的な方法だと言っているのではないし、それはまだまったく一般的ではない。

私が言おうとしていることは、それが通常の分娩方法とか帝王切開（ここではトンネルを使わないあらゆる方法を意味している）と呼ばれるだろうものに対して、いくつかの際立った利点をもっているということである。

母親の子宮から社会的子宮への誕生はたった一度で終わった。しかし、社会的子宮からスピリチュアルな子宮への再生誕はそうではない。それは、あなたが再生誕に留まるまで、たえず繰り返すためのものである。だから私が勧めることは（あなたがすでにどれほど多くこれをやったとしても）、二枚のA４の紙を短いほうの端同士を糊でくっつけて、この産道を作り、そしてそれを風呂場の鏡のところへもっていき、トンネルの片側を鏡につけ、もう片側に自分の顔を入れることだ。そのとき、あなたが明白にあの滅び行く人間である子宮２から、明白にこの不滅のスピリチュアルな存在─非存在である子宮３への再生誕を実際に通過したと、私は強調するのである。

あなたがその操作についてどう感じるかやどう考えるかは、気にしないように。あなたがトンネルの中で**見る**ことを真剣に受け止めるだけで充分である。生まれ変わるということは、あらゆるものを入れる余地のある、無限で傷がなく年齢がなく、広く目覚めた何でもないものになるということである。向こうの端にいるあの（鏡の中の）小さい奴とは完全に対照的に、生まれ変わったものはあなたの側で輝くほど開示されている。

社会的子宮では、私たちは自分が見ているものではなく、言語と習慣が見るように命令するものを見る。それゆえ、あらゆる重要な点において、私たちは集団妄想の無意識の犠牲者である。特に止めるのが困難なものは、人はここ中心において向こうで**そう見える姿**だという基本的妄想である。しかし、紙のトンネルの中に入れば、すぐに真実は避けようもないものとなる。こちら側の人の現実と向こう側の人の見かけとの対照は、これ以上明白になれないくらい明白であり、これ以上著しくなれないほど著しいものである。あるいは、これ以上自然で、意のままに近づくことができ、分かち合えるものもない。そしてそのことは、子宮2から子宮3への生まれ変わりは、非常に風変わりな洋服を着て、非常に風変わりな生活をしている一握りの才能のある専門家たちの特権ではもはやなく、成長したいと願う私たちすべての普通の人々の規範であることを、確実に意味しているはずである。

それは、おそらくは私たちの**三番目**の産道を経て、ついに神の中へと成長することである（まさに、私たちの神は**トンネル**神である！）。ほとんど死にかけた患者たちが意識を取り戻したとき、暗くてときに騒がしいトンネルの中を向こう側にある光に向かって進んだということを共通して語る。中には、短い間その光に参加し、それが実に**唯一**の光、心地よくしかも完全なる神の光であることを発見した人たちもいた。しかしまた多くの例外もあり、私たちが神の中へ最終的に誕生するときには、いわゆる帝王切開による場合、つまりトンネルを経ない場合もあるかもしれない。では、見てみよう！

## 4、時間から時間のないところへの誕生

私はレンブラントの絵から飛び立ったハエの話が、ここで私たちを助けてくれると思う。最後にそのハエは自分を絵から遠くへ切り離したので、絵の全体を取り入れることができた（とあなたは覚えていることだろう）。そして、明るみに出たのは、傷のある、あるいは虫に食われた、あるいはうじのわいたキャンバスではなかったのである。そのすべてを含む傑作の中では無駄な部分もしみもなく、偉大な画家が筆をいつどう置こうと、厚く塗ろうが薄く塗ろうが、こうやろうがああやろうが、最も微小で平凡な筆跡でさえ、絵全体に欠くことのできない貢献をする。

そのことを解釈すれば、時間の中に生まれたあらゆる生き物は時間から時間のない中へ、永遠の中へ死ぬのであり、そこでは決して死ぬことがないという意味である。エミリー・ブロンテ（イギリスの小説家。一八一八〜一八四八）がこの問題を見事な明確さで表現している。

地球と人間が消えてしまっても、
そして、太陽と宇宙が存在をやめても、
そして、あなただけが一人残されても、
あらゆる存在はあなたの中に存在するだろう。

そこに死の余地はなく、
また死の力が無へと破壊できるようなどんな原子もない。
あなた――あなたは存在であり呼吸であり、
そして、あなたであるものは、決して破壊されないだろう。

しかし、これは役に立つのだろうかと、あなたは尋ねるかもしれない。それはどんな種類のあの世なのか、永遠の琥珀の中にすばやく囚われてしまう忙しいミツバチのように、宇宙の冷凍保存の中に永遠に保存されることなのか？　ルシファーが地獄の氷の中で頭を下にして動きがとれなくなっていることは、結局ルシファーの永遠の罰であり、決して彼の救済ではない。私はこの第一人称単数である自分自身をタマネギとしてしばしば描写したが、各々の皮は核心における現実の地域的外見を構成している。何と励みになり啓発的な自画像であることか！　しかし、私は**ピクルスにされた**タマネギとしての永遠の人生よりも――もしあなたがそれを人生と呼びうるならだが――、消滅のほうを好む。死んで神の中へそのように誕生をすることは、確かに死よりも悪いことだろう。

それはまたナンセンスであり、完全な作り話である。私たちのハエが飛び去って、取り込んだ絵は静止している古い傑作ではなく映画であり、常に変化する常に新しい傑作であり、そしてそれが変化するにつれて、その意味、その役割、そのあらゆる部分の関連性が変化するのである。私が推測するには、それはそれ自身よりも一つ先へ飛び続けている。そして、ホワイトヘッド（イギリスの数学者、哲学者。一八六一～一九四七）が言っていたように、究極的にはあらゆるものがあらゆる時にあらゆるところに存在するのだ。その意味することは、私やあなたが人間としてつかの間、宇宙の中に起こり、私たちの個人的貢献がたえず成熟し続けるゆえに、宇宙は永遠に変化し続けるということである。心には想像も理解もできないことなので、心のことはそのままで放っておくように！

私は生まれることのない一なるものの中へ、今日あなたが最も幸福な再生誕することを願って、本章を締めくくることにする。**彼**の中で、**彼**としてあなたの最も深い最も対照的な必要が満たされるのである。それはつまり、一方であなたは永遠の平和と休息の中へ、変化しないもの、時間がないもの、比較しようがないものとして唯一の安全の中へ生まれ、そしてもう一方で常に変化する冒険と発見の人生、新しさと驚きと逆説的誕生プレゼントに満ちた人生へ生まれるということである。あなたは何かから、何でもないものとあらゆるもの――現在ある、そして過去にあった、そして未来にあるだろうあらゆるもの――へと生まれるのである。あなたは時間から生まれ出て、時間のない世界へ、そして常に存在し決して完全であることがない時間に満ちた世界へ入るのだ。あなたは存在しているように見えるものから、存在**していない**、それゆえ世界の果てまで永遠に存在**している**一なるものへ生まれるのである。アーメン（訳注：古代ヘブライ語。「しかり」、「かくあれかし」

の意）。

あなたはこれ以上に何を望むことができるだろうか？　これ以下で何がうまくいくだろうか？

# 第16章　よい神――悪い人間

正当なスピリチュアルの原理は見かけとは違っている。それらの中に深く入り込み、それらから生き始めれば、それらの中には方向転換、つまり正反対の中へ入って行く道があることがわかる。最初は非常に否定的で失望させるように見えたことが、まったくそういう類のものではないことがわかり、反対に最初は非常に肯定的で励ますように見えたものが、またそうでなく、その正反対であることがわかる。びっくりする話かもしれないので、心の準備をしておくように。

この方向転換の驚くべき例が、「人間は本質的に生まれつきの悪であり、彼がもっているように見えるどんな善も、まったく彼のものではなく、神のものである」というキリスト教の教義である。現代社会からは軽蔑をもってしりぞけられ、（拒否はされていないとしても）現代の多くのキリスト教徒からは無視されているが。

事実、この反人道主義の信仰（中にはこれを反人間的と呼ぶ人たちさえいる）はキリスト教のまさに核心にある。最初から、それは信仰の重要な部分であった。「私を偉大なる者と呼んではいけない。ただ神だけが偉大なのである」と、その創始者（イエス・キリスト）は警告している。自分は罪人の代表であると自ら告白した聖パウロは、確かにこの信仰を作り上げた代表者であり、彼はローマの同胞に「自分の中には、つまりこの肉体の中には何もいいものがないことを私は知っている」と書き送っている。そして、人に媚びないこの教義はキリスト教の歴史を通じてずっと維持されてきた。あるときには、それは意識の前面で目立ち、あるときには背景に潜んでいた。それにもかかわらず、表面にあろうと隠れていようと、それは常にそこにあったのだ。

私たちの時代の前までは常にあったのだ。しかし今では、まれな例外を除いて、非キリスト教徒だけでなくキリスト教徒たちも、人間の本質的堕落という古い考え——人間は悪い奴というだけでなく、聖なる介入がなければ根本的変革もできないという観念——は不健全であり、被虐的であり、非常に人を失望させるものであり、美徳への妨害であると考えている。もしよりよい世界を建設するという私たちのすべての努力が、私たちの性質に反しているゆえに欠陥があるなら、（無駄と言わないまでも）よりよい世界の建設なんて気にしなくてもいいのではないか、あるいは不平等な闘争をあきらめ、私たちが生まれついているまったく自分勝手で規律のない生き物になってもいいのではないかと考えるのだ。当然、今では私たちのほとんどがある種の人間主義者であり、その基本的前提は、あらゆる種類のゴミでどれほど埋まり、栓をされているとしても、私たち一人ひとりの中には人間の善性の自噴井《じふんせい》が存在するというものである。この井戸に近づけば私たちは人間らしく行動し、それに失敗すれば非人間的に行動し、しばしば非道な行動もする。私たちの性質についてのこういった見方が自己尊敬を生み出すのは明白に思えるし、その性質の中の最良のものを引き出すのに頼りにすることができるかもしれない。それは、「私はあなたより悪辣《あくらつ》である」という時代遅れの自傷的信仰が即座に拒否したきわめて望ましい目標である。

それ自身のレベルでは、この人間主義的態度は理性にかなったものであり、また実用的でもあることを認めなければならないと私は思っている。しかし、もう一つのより高いレベル、より真実の理由、ずっと効果的な実用性があるのだ。イエスとパウロはこのことを正しく理解していた。つまり、あの古き「よい神―悪い人間」の教義は、それが単に理論化されるのではなく、正しく理解されて生きられるときには、私たちが最も深く必要としているものであり、もしそれがなかったら絶望的な状況に対しての根本的な答えであると私は確信している。言い換えるなら、それはこれ以上肯定的でありえないほど肯定的なものであり、これ以上楽観的でありえないほど楽観的なものである。

というのは、もちろん人間の中には善の力があるからである。あらゆるところ、特に最もありそうにない場所で、私は寛大さ、愛、驚くべき自己犠牲が生まれてくるのを発見する。通りすがりの見知らぬ人の親切に、ときには涙が出るほど感動することもある。実にそうなのであるが、しかしこの善をこのように善たらしめているものは、人間の中にあるが実は人間のものではないのだ。人間は人間であるばかりでなく、その深淵においては善そのものである神(あるいは、**彼**と呼んでも**彼女**と呼んでも、あなたの好きなように呼んでよい)が住んでいるという事実のおかげで、それは人間の善になるのである。次のようにも表現してみよう。ただ人間であるだけではない人は、ソプラノとバスが相補的であるばかりか、対照的でもある音楽のようなものである。

あるいは、その比喩を現代化するとすれば、彼はプラスとマイナスの二極をもつ電池である。その二つの電極は正反対の電気を運び、それらの間の距離とともにこのことが彼の中に光を生むのである。そして、彼の中の生命は、(それが生き生きしている程度に応じて)彼の二つの性質の間の決して結論の出ない議論、神―人の喧嘩《けんか》である。人間が偶然にする非利己的で、美しく霊感に満ち、そして例外的にうまくいったことのどれも、彼の中に住む聖なるものによっておこなわれたのであって、外に住む人間によるものではない(むしろ彼にもかかわらずと言うべきだろう)。残りのもの――それはとてもたくさんあるが――は人間がやることである。それにもかかわらず両方が必要であり、もし両極がなければどんな光もないのだ。

しかし、両極は同等を意味しない。あらゆる点において、あなたの神性の完全さが優勢である。つまり、それはあなたの無数の人間的不完全さにまさり、それを超越している。賢く親切な神の摂理は、あなたの悪があなたのものでないのと同様に、あなたの中の善もあなたのものでないように取り計らってくれている。そしてこれが、神が自分の奇跡をおこなうやり方である。あなたが為す善が真にあなたのものであるのは、本当のあなたである一なるものによっておこなわれているからである。その一方、あなたの為す悪は、本当のあなたではない人によっておこなわれている。深淵においてあなたは神と非常に親密に結ばれているおかげで、あなたがあなたであり、あなたの悪事である以上に、あなたは**彼**であり、**彼**の行為である。それはこういった悪事を否定したり、それをひどく後悔したりしないというわけではなく(きわめて正反対である!)、ただあなたはその中心性を否定するのである。それらは告白され、距離をおかれ、許されるのである。「主は言う。汝の罪は緋色のようであったが、今は雪のように真っ白である。それらは深紅色のように真っ赤であっても、羊毛のように白くなるだろう」(新約聖書の言葉)

神―人間の両極は多くの祝福をその結果としてもたらす。たとえば、古代ギリシャの際立つ芸術的知的到達の一つの理由は、彼らが人間の利口さよりも、聖なる女神たちにそれらを帰属させるほどの謙遜さとよき判断力があったからだ。そして、「神だけがよい」と言った人の際立つ善性は、自分の言った通りに本気に生きたからだ。人間主義者たちは、自分たちが神よりもよく行動できるというふりをすることはとうていできない。今は、自分たちが神よりも物知りであるふりをするのもやめる時期である。

この時点であなたが次のように尋ねるのが私には聞こえる。こういった人間の中にある聖性についての話題がただの風評ではなく、またせいぜい悲しい世界で私たちを励ますためのある種の想像的詩でもないという、どんな証拠やどんな保証を私たちはもっているのかと。

その証拠は手渡すことができる。あなたがすべきことは、ただ自分の意見をわきにおいて、正気にかえって、何が起こっているかをよく見ることだけである。白い背景の上のこれらの印刷されている文字、これらの黒い記号を観察してみよう。そして、それらの文字を取り込んでいるそこから二十五センチより近いところ、あなたが今いるところを観察する。それを「気づいている受容能力、あるいは意識している収容能力、あれらの物事が起こる空間」などと呼んでもいいが、自分が何と呼ぶかは決して気にしないで、ただそれが境界のない何でもないものであり、提供されているあらゆる消えゆくもの(あなたの鏡に映る消滅するものも含めて)で満たされるために空っぽであり、しかしそれ自体は不滅であることに気づこう。それには時間を登録すべきものも、生きて死ぬべきものも欠如しているので、それは時間がなく死ぬことがない。また、それは不動の容器であり、物事の動きの観察者であることにも気づこう。そして特に、あなたはこれとしての、そしてこれ以上の**自分自身**に対して、今、広く目覚めていることに気づくことだ。事実あなたは、自分が眺めているものは世俗的なものでありながら、自分が何から眺めているかという起源は神聖であるという驚くべき発見をしている最中なのだ。そしてまたあなたは、神が本当の見者であり、**彼**だけが何かを見ていると言ったヒンズー教やスーフィー教の賢者たちは道理にかなったことを話し、正しかったことを発見している最中でもある。

しかし西洋では話が違うと、あなたが不満を言うのが私には聞こえる。あなたは「それなら、あなたの言うその証拠が表現されている世俗的言葉は言うまでもなく、感覚にもとづいた内在する神というあなたのその証拠そのものを受け入れているキリスト教の聖者や見者を探してくれ」と私に挑む。

では、見てみよう。

私の先生たちの中で最も実際的な聖人の一人が、ジーン・ピエール・ド・コサード（フランスのイエズス会の司祭。一六七五〜一七五一）である。自分のスピリチュアルな娘の一人に彼は次のように書き送っている。

「あなたがドレスを着るように、あなたは完璧さを身につけるわけではないという聖フランソワ・ド・サル（ローマカトリック教会の聖者。一五六七〜一六二二）の言葉を覚えておくように……。あなたの中のあらゆるよきことは神が起源であり、あらゆる悪、わがまま、堕落はあなた自身に起源があります。ですから、悲観的性質と罪、悪習慣と気質、過度な弱さとみじめさを無視しなさい。これらはあなたの分であり、あなたに起源があり、疑いもなくあなたのものです。それ以外のものすべて――肉体とその感覚、魂とそのエネルギー、あなたが為したわずかな善行は神の分です。それはあまりに明白に**彼**に属しているので、あなたがそれを自分ものだと少しでも主張したり、ほんのわずかな自己満足さえ感じたりすれば、必ず神に対する窃盗の罪となることをあなたは理解します」

同じ手紙の後半でド・コサードは、私たちに押し付けられている根深いみじめさを、「この上ない恩寵」と描写している。「というのは、それは自己に対するすべての不信と神に対する完全なる信頼の基礎だからです。これらの二つは内的人生の両極です」

ここで私はド・コサードの手紙のこれらの引用の中で、二つの点にあなたの注意を引きたいと思う。

1、彼は私たちに自分の罪を**無視する**ように促している。もちろん、それを否定するということではなく、私たちの人生におけるその中心性を否定するということである。私たちは自分の人生のもう一つの極、神そのものである私たち自身の中心から、意識的に生き始めるということである。

2、彼は肉体と**その感覚**は人間ではなく、神に帰すものとしている。事実、彼は禅マスターの黄檗希運と同様、私たちが考えることではなく、見ているものに頼るようにと言っているのだ。それに私も次のことを付け加えよう。感覚に戻れば、それらは私たちを唯一完全に道理にかなっている、まさに神へと連れて行ってくれるだろう。

結局のところ、言い古された「よい神—悪い人間」という枠組みは、悲しいほど反人間主義で、反人間的にさえ見えたものが、結局、完全なる円となったのである。ここについに本当の人間主義がある。本当であるのは、それが一なるものによって支持されているからである。(ド・コサードが飽きずにどこか他でも指摘しているように)一なるものは、自分もまた神―人間であり、そういった存在として本質的に二極であることを証明するためなら、胸が張り裂けるほど悲痛であっても、どんなことでもするのだ。

# 第17章　サムソンの解決法

本章は、三つの部分に分かれている――問題、寓話、そしてその寓話が提案している解決法。

その問題とは、つまるところ私は自分がそうあるべきだと考えているほど、一貫して幸福ではないということである。ただただ私の幸運を見てほしい！　私は中心にある私であるところの不思議を、これ以上明確に見ることができないくらいに明確に見ている。また私は、これが最高であり、一番よいものであり、源泉であり、現実そのものであることを、これ以上確信できないくらいに確信している。そしてまた私は、私とこれとが融合していることをこれ以上ないくらい確信もしている。それにもかかわらず、この途方もない理解は私を別段感動させることもなく、せいぜい私を冷静にしておくくらいである。私は自分が歓喜の中にいることを発見する代わりに、たいていのときは、憂鬱とまでは言わないまでも、それほど明るくない気分であることを発見する。なぜだろうか？

この問題を伝統的インドの用語で表現してみよう。ここにはサット（存在）とチット（意識）は豊富にある一方、アーナンダ（至福）はそれらに比較すれば足りないのである。しかし、経典はこの三つの用語を、ある種の三位一体、分けられない一つの中の三つのように、「サットーチットーアーナンダ」と一つの言葉にしている。それならどうして私は、私の信じられない、完全に自分に不相応な幸運に骨の髄まで感激し、永遠に大喜びしないのだろうか？

もしあなたが親切にも、この本が永遠のベストセラーになることを保証してくれるとしたら、あるいは私の苦痛と痛みを完全に取り除いてくれる薬を処方してくれるとしたら、あるいはまた私の残りの人生のあらゆる雑務をしてくれる召使いとして奉仕してくれるとしたら、こういった世俗的で比較的たわいもない贈りものの一つのほうが、確かにすでに私のものである地上の天国にあるはずのすべてのサットとチットとアーナンダよりも、確実に私をワクワクさせてくれることだろう。なぜだろうか？　本当になぜそうなのだろうか？

私の推測では、親愛なる仲間の見者であるあなたも、自分が同じ船にいることを発見すると思う。嵐で激しく揺れているトリマラン（レジャー用高速三胴船）の中で、二つの船は航行可能であるが、三番目は転覆する危険性はないとしても、水漏れしている。それにもかかわらず私は、次の寓話がどのようにして、私たちがいっしょに港にたどり着くことができるかを提案してくれることを希望している。

これは非常に古い話で、聖書から来ている。

あらゆる点において、サムソン（旧約聖書の士師記13章～16章に登場する人物）は非常に特別だった。天使が彼の母のところに現れて、彼の妊娠を予言した。彼が成長するにつれて、神霊が彼のところへ強力に降りて来て、彼はペリシテ人との戦争で、イスラエル国民のヒーローでチャンピオンになった。しかし最後には、彼の妻デリラの裏切りによって、彼はペリシテ人たちに捕えられ、目をくりぬかれ、他の奴隷といっしょに刑務所の工場で働かされた。そしてある日、ペリシテ人の神ダゴンの偉大な祝祭の日に、ペリシテ人の王は、昔、自分たちを苦しめた最大の敵を人々がからかうことができるように、彼を何千という人々が集まっている寺院へと連れ出したのである。

あなたは、かわいそうなサムソン以上の絶望的な苦境を想像することができるだろうか？

しかし、彼は終わってはいなかったのだ。彼の最後の偉業はペリシテ人に対する彼の最大の勝利であった。彼は寺院の上部構造を支えている二つの支柱をつかみ、渾身の力で引き寄せ、迫害者たちだけでなく自分自身の上にも引き倒したのだった。あなたはトラブルから抜け出すのに、これ以上手際のいい、そしてこれ以上手短ですばやい方法を想像できるだろうか？　あるいは彼個人にとっては、これ以上高くつくことがあっただろうか？

ではここからは、この物語が私たちの問題とその解決法に投げかけている光についてである。

まず手始めに、私がその問題を具体的かつ実際的な言葉でもう一度明らかにし、およそ三千年前のペリシテにおける場面と同じくらい生き生きと、現在の場面の中に再現することにしよう。

私は今、イギリスはサフォークのナクトンにある我が家の居間のテーブルで、これらの言葉を書いている。我が家はかなり丈夫に建てられていて、そう簡単に崩壊する危険性はない。壁は堅固であり、垂直である（もしそうでなければ、それを設計し、建物の建設を監督した私にすべての責任があることだろう）。

ここまではこれでよろしい。しかし、私の問題は残ったままだ。サムソンの問題とは違って、それほど厳しくもドラマティックでもないが、しかし本質的には同じである。私たちはともに喜びに欠けている。なぜなら、私たちはペリシテに囚われているからである。そして、私がペリシテということで何を意味しているかと言えば、聖なるものとして与えられた（そして実に明白な）真実の代わりに、偶像崇拝的虚構にもとづいて建てられた、すべてが具合の悪い国という意味である。事実、前に述べた私の住所は不完全である。地図上のすべての国同様、イギリスもまたペリシテの領土である。ここはイギリスが災いの連邦から脱退できるのかどうかを考える場所ではなく、あなたと私がどうやって今、自由になるかを考える場所である。

サムソン――彼の失意を祝福しよう――がその方法を示してくれている。**私たちが今たまたまいる部屋の壁を引き寄せ、引き下ろしてみよう。**このイラストの助けを借りて、私がそれをどうやってやるかを示すので、あなたもそれに習って今いるところでそれをすることができる。

片目を閉じて、必要に応じて向きを変え、**私は自分が見るそれぞれの垂直線を下方へと引き伸ばす。**イラストの中で示されているように本書の端を使って(あるいは棒か定規のほうが望ましい)、私はたとえば、部屋の角やドア、窓枠などを引き伸ばす。**そして、私はこれらのすべての垂直で平行であるとされている線が、私のところで一点に収縮し、ハートのあたりでいっしょになることを発見する。**

では、あなたも今いる部屋でこの実験をこの瞬間にやってみよう。

あなたのことは知らないが、私が学校にいた頃、並行線は無限で交わると教わった。それは正しかったのだ！　私がその無限なのだ！　そして、あなたもそうであるし、サムソンもそうであった(というより、そうである)！

確認のために、あらゆる「垂直」線を引き寄せるこの超磁気的な中心を指して、それが実に無限に深く、永遠に後ろへ後ろへと行くことに気づこう。

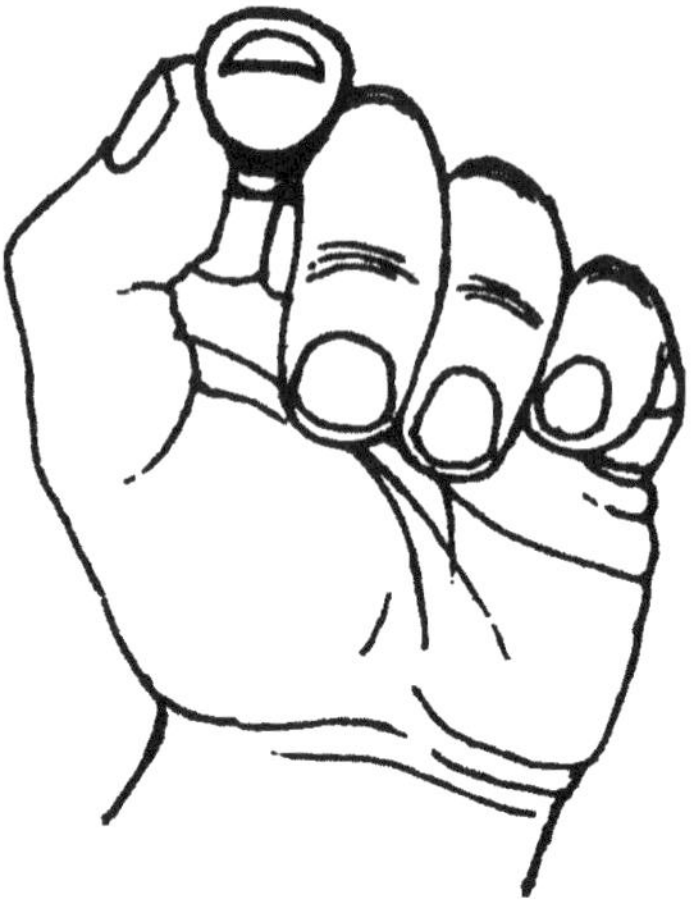

私たちはペリシテの中の私たちの問題に対して、サムソンの解決法を当てはめ始めている。そして、それはこれ以上劇的に、そして致死的になれないくらい、劇的で致死的である。こういった無害の垂直線の一本一本が、寺院の支柱が、死をもたらす武器となったのだ。私を通りすぎるこれらの線は、矢となり、そのすべてが私をめがけて、標的にする。

人生は非常に非常に困難である。私が子供だった頃、私たちは「聖人たちが栄光に包まれて一日中立っている幸福の国が、どこか遠い遠いところにある」で始まる賛美歌を歌ったものだった。そして、「明るい青空の上には小さい子供たちの家がある」。この「現世の苦しみ」からかぎりなく離れているそこへどうやって到達するのか、まったく私たちにはわからなかった。しかし、私たちは正しい考えをもっていたのだ。あなたが「私たちのスピリチュアルな地理」と呼ぶであろうものは健全だったのだ。地上に至福を探しても無駄である。至福は無限に遠い国、死の向こう側にある。そして、私たちがその至福の天国にいることを許されていないわけは、私たちが非常に高いその入場料、サムソンが払ったその犠牲を払っていないからである。

それは一度だけ払えばいい犠牲ではない。その無限の祝福を授与するため、死は毎瞬毎瞬たえず更新されて実現する。アーナンダに関して言えば、つまり国の中でも最も遠く、それにもかかわらず最も近く、最も愛すべきあの国を照らす幸福については、それはその場所の安定した天候であり、組み込まれているものであり、絶対的に完璧であり、それに屈服してそれを浴びる以外、あなたと私がするべきことは何もない。

私はそれがどんなふうに感じるものかを、ただそれはペリシテの国で幸福だとされているものとは正反対のものであると言うにとどめておこう。あなたはそれを、まったく興奮を欠いた平和と呼ぶことができるかもしれないが、しかしどんな描写も経験に近づくことはできない。

この本当の幸福を楽しむためには何をすべきだろうか？

いにしえの親愛なるサムソンといっしょに、永遠の命に入るために実際常に開いている、あなたのドアである今ここでの死、そして今まさにこの瞬間にあなたがいる部屋の傾いた壁、それにプラス、内側を指摘するあなたの指が合わさって、その答えを与えてくれる。**崩壊せよ！　崩れ落ちよ！　壊れろ！　降参せよ！　折りたたんで、折りたたんで、折りたため！　そして内を見て、あらゆるものである何もなさに即座に帰り、自分が得たものを受け取るのだ！　それで大丈夫である！**

## 後記

本章を書いてから、私はドストエフスキー(ロシアの小説家・思想家。一八二一〜一八八一)の『カラマーゾフの兄弟』の中の次の一節にたまたま出会った。イワン・カラマーゾフ(カラマーゾフ兄弟の次男)は語っている。

「そういう連中は、ユークリッドによればこの地球ではぜったいに交わりえない二つの平行線が、ひょっとするとどこか無限の彼方では交わるかもしれないなどと、大胆にも空想しているんだよ……おれは赤ん坊みたいに確信している。苦しみもいつかは癒えて消えるだろうし、いろんな人間的な矛盾から生まれる腹立たしい喜劇も、あわれな蜃気楼となって消える、あるいは原子みたいにちっぽけで非力で、いかにも人間らしいユークリッド的頭脳がこしらえた、ぶざまなフィクションということでおしまいになるってな。そしてやがて世界のフィナーレ、永久調和の瞬間には素晴らしく価値ある何かが起こり、現れて、すべての人間の心を満たし……やがて平行線も交わり、おれ自身がそれをこの目で見て……」(『カラマーゾフの兄弟』亀山郁夫訳　光文社)

# 第18章　ゴード——生涯続く関係の物語

## 1

それは、私が思い出すことができる以前から始まった。私が子宮の暗闇から空気と日光の中へと生まれ出たように、私はまたゴードとの生涯にわたるこの親密な関係の中に生まれ出たのだ。

そう、ゴードが**彼**の名前であった。私はなぜ私の父が**彼**の名前をそのように発音したのか知らない。それは、私の父が開口音のサフォークやノースエッセックスの方言で話したからではなかった。彼はそれらの言葉では話さなかったのだ。他の地域出身の同胞たちもまた**彼**をゴードと呼んでいた。おそらく私たち皆がそうしたのは、ゴードが**彼**の別名であるロード（LORD＝創造主）と同じ韻をふんでいたからである。

創造主ゴードは非常に特別な第三の祖父のようだった。私の母方の祖父は背が低く、灰色のあご髭をはやしていて、気難しい人だった。一方、父方の祖父は背が高く、セイウチのような白い口髭をはやしていて、やさしい人だった。そして、三番目の祖父は巨大で、雪のように白く長いあご髭を生やし、明るい青空の上にある天国に住んでいて、ときに気難しくときにやさしく、ときにはその両方であった。私たちの関係は深いけれど、しかし双方にとって困難で要求が多いものと描写することができるだろう。

問題は他の二人と違って、**彼**があまりに遠く離れていることではなかった。反対である。**彼**はむしろ常に私たちにあまりに近かったのだ。もちろんそれは、普通の家族の一員としてではなく、家族の誰もが認める上司、目に見えず、それゆえ非常に押し付けがましく、おせっかいな監督者としてである。**彼**の住所は天国であったのに、私たちの家はまさに**彼**の常駐宿だった。ゴードから逃れることはできなかったのだ。毎晩、私たち子供はベッドに入る前にひざまずいて**彼**に語りかけた。毎日朝と夕方に私の父は**彼**に話しかけ、その間私たちはひざまずいて、目を閉じてじっとして聴くように求められた。また父はいつも食時の前後に**彼**と短い会話をした。

あなたはこれだけでも、一日あたりのゴード話はもう充分だと思うかもしれない。しかし、それだけではなかったのだ。日曜を除く毎日、私の父はゴードが書いた本の異なった章を私たちに読んで聞かせたものだった。その章の中で少数のものは面白く、無秩序に入り乱れてときに残酷でさえあったが、大半のものは死ぬほど退屈だった。その本の野蛮な箇所にきたときの父の困惑ぶりを聞くときや、ほとんど名前だけで構成されている章にある名前を、父が何とか発音しようとしたときなどは時々ほっとしたものだった。(私が思うに)ゴードが**彼**の聖なる本(聖書)の中にこういった発音しにくい言葉を書いたゆえにそれらは読み上げる努力に値し、ゴードが書いたというだけでそれらは充分に聖なるものになるのだった。

こういった日々集中的におこなわれることに付け加えて、私たちは日曜日に非常に特別なやり方でゴードを経験するのだった。少なくとも大人たちはそうだった。彼らは**彼**の一部を食べ、**彼**の血をすった(あるいは彼らはそう言っていた)。そして私の父は、続いてその食事そのものである信じられない愛について語るとき、いつも今にも涙があふれそうだった。こういったすべてを、それに付随するその他のたくさんの素晴らしいことといっしょに、私は何一つ疑うことなく、また理解することなく受け入れていた。それだけではなかった。私はそれを感じ、ある種の浸透のおかげでそれを吸収した。必然的に色々な形をとって、それは私の中で結合し、今日まで私の本質的一部になったのである。

私はここで不平を言っているわけではない。私は今述べた中で、**彼**を非常に押し付けがましく、非常に要求が多いような感じに描写した。しかし実際は、私の天国の祖父については、まったく神秘的で言葉で表現できない、非常に素晴らしいところがあったのだ。それは、私を内側から暖めてくれ、深く呼吸したいと思わせ、全速力で走らせ、秘密めいた笑いを微笑ませた何かであった。それはまるで、**彼**は私の太陽であり、日光であるかのようだった。私は時々自分が**彼**を非常に愛していて、**彼**の大きな腕の安全の中へどっかりと寄りかかっていることに気づくのだった。

実際の問題はと言えば、**彼**が非常にしばしば母親の味方だとわかることだった。**彼**は母と手を組んで、たとえば聖書を読むこと、テーブルマナー、監視されること、意見が聞いてもらえないこと、日曜日にはゲームは禁止といった事柄で、私に反対することだった。そしてもちろん、私がしたいと思うことの半分は彼女を困らせるので、それらはまた**彼**をも困らせたはずだった。というのは、こういった普通ではない子供時代だったにもかかわらず、私は全体としては普通の少年だったからだ。つまり、私はいたずらっ子であり、時には度がすぎるほどだった。実に私の母の目（そしてもちろん、ゴードの目）から見ると、悪辣であり、地獄の危険性があった。創造主ゴードの再来は久しく待望されていて、今にも起こりそうであった。そのとき**彼**のすべての友人たちと善人と救われた人たちは、空で**彼**と合流して天国へ上るのに対して、**彼**のすべての敵と悪人と堕落した者たち（私も含まれていた）は地上に取り残され、地獄に落ちて、いつまでもいつまでもいつまでも生きたまま焼かれるのであった。

そしてある日のこと、私が学校から早く帰ってくると、両親がどこにも見つからなかった。どこにも彼らの痕跡がないのだ。私の即座の反応は、「彼らは創造主に追いついていっしょに天国へ行ってしまって、ここ地上で私は一人取り残されて、永遠に地獄に行くのだ」というものだった。八十年以上たった今でも私はそのときの恐怖を思い出すことができる。永遠の業火！　それらは、（私の親愛なる父によれば）ゴードからの分離が地獄で取る形だからといって、苦痛がより少なくなるわけではなかったのだ。自分のわがままによる分離だからだ。

そういったことが——悪かったというより、むしろよかったと私は思っているが——私の子供時代の**彼**との関係であり、基盤だった。もちろん、子供が成長するように、関係もそうだった。十七歳のとき、私は自分が「救われている」ことを自分に説得しようとして、**彼**の人々のために予約されているあの創造主の食事会に参加し始めた。しかしまもなく、私は自分の救済が痛ましくも不完全であることがわかり、二重の失敗からますます苦しみ始めたのだった。それは、私がゴードについて教えられたすべてを信じることができたわけではなかったこと、そして**彼**によって私がするように言われたすべてをできたわけではないことだった。疑いと罪悪感が起こり、疑いは私が罪悪感に対抗することを助けてくれた。

緊張が高まり、何かが起こらなければならなかった。

## 2

そして、起こった。二十一歳のとき、私はその宗教から脱会し——信仰をなくしたわけでも、また不可知論者になったわけでもなかったが――いわゆる心半分の信者と呼びうるものとなった。**彼**と私は関係の第二局面に入り、劇的で完全な変化を遂げたのである。私が家を離れて、大学に行ったこと（そして初めて劇場と映画館に行ったこと）が私の人生に大きな変化をもたらし、その一方、**彼**の名前がゴードからアートマン、ブラフマン、仏陀、タオ、神、アラーへと変わり、**彼**の役割が祖父から遠い親戚へと変わったことが、**彼**にも大きな変化をもたらした。そのとき以来、遠い親戚にぴったりのように、私たちはいわばクリスマス・カードを交換し、明らかに**彼**が私を忘れないように、私も**彼**を本当には決して忘れなかった。それはまるで、**彼**が蒸発してどこかへ配置されたが、決して消滅してしまったわけではないようなものだった。

**彼**を非物質化する過程は、自分を実体化し個性化するという反対のプロセスも伴い、その結果、私たちはますます遠くへ離れてしまった。**彼**はもはや私が話しかけたり、私の重荷を引き受けてくれたりするような人ではなくなっていた。ありがたいことに私は**彼**なしでうまくやっていけるという考えをもつようになった。

**彼**はオーストラリアにいる雲のような叔父さん――いつか私に財産を残してくれるかもしれないので、連絡を取り合うに値する叔父さん――に似るようになった。

しかしもちろん、事は完全にそのようにはならなかった。

## 3

**彼**がいない人生のみじめさと寂しさのせいなのか、あるいは子供時代の**彼**への愛着の避けがたい影響なのか、あるいはまた**彼**の恩寵と愛ある親切のせいなのか、三十二歳のとき、私は突然、非常に真剣に**彼**を捜し求めることに押しやられたのだった。今回は明るい青空の上の天国の中ではなく、集会室の中でもなく、僧院、寺院、教会の中でもなく、私のハート、私の内奥の存在の中にだった。というのは、ここここそ私が非常に尊敬する賢者たちが——それがどんな伝統に属していても、**彼**を探し求めるように私に勧めている場所だったからだ。さらに、**彼**の家が私の家よりも私に近く、実に私の本当の永遠の家である可能性に非常に強く心惹かれたのである。

それで私は、自分のハートの中に**彼**を探し求めたのである。すると、すぐに何の困難も遅れもなく、私は**彼**を発見した。**彼**はずっと長い間、辛抱強く私の中心のここで待っていてくれて、気づかれることを願っていたのだった。**彼**は、超明白なもの、巨大で純潔ですべてを包含し、生まれず死なず動かず、そして自分自身に広く目覚めているものとして、そしてこれらすべてともっと多くのものとして、すべての疑いを越えたものとして、自分自身を私に熱心に示してくれた。私は明晰さそのものとして、**彼**を他の何よりもずっと明確に見た。**彼**が中に入り、ハーディングは外に出たのだ。**彼**は私の太陽、日光、王、治癒、広大さ、命、私だった。あるいは、自分以上の自分であった。

**彼**は私が決して**彼**を失えないような形で、**彼**自身を私に完全に与えてくれたのだった。

それから、私がしなければならなかったことは三つあった。一つは、自分の中の、そして自分としての**彼**の多面的でかつ完全に単純なこのヴィジョンに戻り続けること、二つ目は、自分の人生の運営の全般と詳細を**彼**に委ねること、そして三つ目に、盲目ゆえに苦しんでいる世界に対して、**彼**から託されたこの開眼方法を分かち合うことだった。

確かに充実したプログラムだった！　完全に達成することなどとうてい不可能に思えたし、そして確かに、**彼**と私の関係の（それまでで最も長い）第三局面の間、私をこれ以上ないほど忙しくしてくれたのであった。

では、私はどの程度の成功をここで報告できるだろうか？

少しずつ、しかし確実に私はその中へ入っていった。数年の練習で、私は内側に表面的自己を眺めるという中心をはずれた人生を生きるのをやめ、私の最深の自己、つまりまさに**彼**そのものであるものから、外側を眺める中心のある人生を生き始めたのであった。この移行が実際に起こったことの証明は、私はもはや人々からジロジロと見られている感じがしなくなったという、驚くべき事実であった。**彼**といっしょに、私は**彼**の透明性を身につけたようであった。大きな安堵であり、利点であった！　この移行が起こったさらなる確証は、自分自身が**彼**の巨大な単一の目を通して、**彼**の（そして私の）静寂さから、**彼**が動かしている世界（電柱から、山々、星々、銀河に至るまで）を眺めていることに気づいたという、同様に驚くべき事実から来ていた。ここまでは、まあいいものである。

ずっとうまくいかなかったことは、私の意志を**彼**の意志に移行するというたえず更新される試みだった。大昔の色々な問題を思い出した。**彼**はまだしばしば「私の母の味方」だったのだ。もちろん、神の意志へのその移行、たとえば繰り返し起こる消化不良、庭のモグラ、そして水道業者からの多額の請求書などの小さいことに対して「それでいいです」と言うことは、それほど難しくはなかった。しかし、大きな物事、たとえば歳をとりつつある人間がかかえる多重のそして常に増大していく障害などについては、非常に困難であった。ここにおいては、私は惨憺《さんたん》たるほとんど完全な失敗を報告しなければならない。また私は、自分にはこの**客**以上の**客**がいて、**友人**以上の**友人**がいるのを見ても、自分がそう感じるべきだと思うほど明るくはつらつと感じることもできなかった。

そして、この偉大なヴィジョンを他の人たちと分かち合い、彼らの本質であるその不思議を示す方法を開発し、彼らに**彼**のことはもちろんのこと、自分自身に興味をもたせるという生涯の試みについては、ここでもまた私は多くの失敗を報告しなければならない。それが成功したときはどんなときでも、私が成功という観念を捨て、その仕事を**彼**に引渡したおかげであった。**彼**の仕事は**彼**自身の時期に、**彼**自身の方法で成功するのである。

だから、それは**彼**のやり方で進んでいった。私の中心での**彼**との人生は、向こうでの**彼**との人生、そしてもちろん**彼**なしの人生とは根本的に違っている。**彼**との人生は、決して問題がないわけではなかったが、意味に満ちた人生と言うことができるだろう。それは、向こうの自分からここの**彼**へ、何もない自分としての自分から、すべてである**彼**としての自分へ戻り続ける練習として、要約できると思う。

それは過去半世紀かそこら私を充分忙しくさせてくれた。それにもかかわらず、私が驚くことには、そしておそらくあなたにとっても驚くべきことだと思うが、これが決して話の終わりではないのだ。まだ重要な続きがある。私の**彼**との関係は第四局面に入る。それは、途中までかなり第三段階と重なりながら、それとは非常に対照的なものである。

# 4

スピリチュアルな冒険のこの段階についての驚くべきことは、それが敗北のように、長年のスピリチュアルな努力がようやく勝ち得たものをすべて喪失するように読めることである。それを失望と呼ぶことはかなり控えめな表現である。私は自分の中心での**彼**との融合という「目標」が、それが達成可能なものかどうかという疑問は別にして、役に立たないという事実に直面しなければならない。では、何が欠けているのだろうか？　もし私が**彼**をもっているとしたら、私に一体何が不足だというのだろうか？

　実際、問題を見るのは単純である。「私は、**彼**を、所有している」という三つの言葉がすべてを言い尽くしているのだ。私が長年やってきたことは、まるで**彼**が最も貴重で、最も豪華な蝶であるかのように、**彼**を網に入れ、ピンでさし、私のスピリチュアルなコレクションの先頭に展示するという目的で、**彼**を追いかけることであった。しかしそれは、想定としてはどうだったのだろうか？

　私には他の選択があったということではなかった。私のこの熱心な追求は、欠くことのできない第三段階の私と**彼**との関係を通じてずっと私の正当な仕事だった。そして、この間ずっと**彼**の正当な仕事は逃げることであり、もちろん**彼**はいつもそうしている。それは不思議なことではない！確かに私は**彼**を中心にもっている。しかし調べてみると、この中心は無限へと爆発しているので、**彼**は逃げるために必要なすべての空間をもっていることを指摘しなければならない。真実はと言えば、**彼**は常に追われるが、決して捕まらないのである。

　だから、十字架の聖ヨハネは私たちに次のように警告する。「神が近づきにくいことを決して忘れてはいけない。それゆえ、あなたの力で**彼**をどう理解したらよいかを尋ねないように。そして、あまりに小さいもので満足しないように。そして、**彼**のところへかけ上るのに必要な機敏さを失うように」（蝶の捕獲者には機敏さが必要だ）。他のどこかでまた、聖ヨハネはこの逆説を丁寧に説明している。「自分には神をまったく理解できないことを人が非常に明確に見、非常に深く感じることができるのは、この世につかの間だけ滞在する人に授与される最大の好意の一つのおかげである。この点に関しては、こういう人たちは天国にいる聖人たちにどこか似ていて、天国で神を完全に知っている聖人たちは、神は無限に理解できないことを非常にはっきりと認識している。神が人々のヴィジョンをどれほど大きく超越しているかを認識している者たちは、より明確でないヴィジョンをもっている者たちよりも神を明確に見るのだ」

他のマスターたちも同じメッセージをもっている。たとえば、エックハルトは「神があらゆるものの中にいればいるほど、**彼**はますますそれらの外にいる」と言っている。

どうしたらあなたと私は、**彼**を飼い慣らしたり、理解したり、うまくやっていこうとする努力を防ぐことができるだろうか?

私はたった三つその方法を知っている。第一に、**彼**が自己生成者であること、つまり**彼**は、非存在から存在する技、自分自身を発明する不可能な技、そして自分自身とともに、あなたと私を含めたそれ以外のすべてを発明する不可能な技をもっていることを決して忘れてはいけないということだ。もしあなたにできるなら、**彼**を飼い慣らしてみるといい! 蝶神を解放する二番目の方法は、**彼**はおろか、どんなものを入れる蝶取網も容器もあなたはもっていないことを見ることである。そして三番目に覚えておくべきことは、真実はと言えば、**彼**だけが何でもないものへ沈むゆえに、すべてに上るということである。私たちが自分を人間的に否定するとき、それは自分自身をスピリチュアル的に昇格させるためである。つまり、私たちは上昇するために下降し、その一方で**彼**は下降するために下降する。**彼**だけが、私たちのためにそれほど謙虚であるほど偉大なのである。それもまた、もう一つの**彼**の「不可能な」技である。

まあ、そういったところが、おかしくて奇妙な、しかし非常に親密なゴード、つまり神との関係だった。

最初**彼**は、話しかけるべき威張っているが愛すべき祖父として始まり、続いて探求し浴びるべき広大な内なる海洋となり、そして追いかけるのに成功しない豪華な蝶か幻影として終わった。

再び言えば、私はここで不平を言っているわけではない。「**彼**を所有しているクラブは所属するに値しない」と言った男の例にならって言えば、私が捕らえ、理解することができる神はわずらうに値しないと私は言う。しかし、私は神を非常に必要としているので、**彼**を所有しなければならないのだ。どのように私は**彼**を所有するのだろうか？　常に私から逃れる一なるものとしてだ。しかしそれは、**彼**が私の耳元に次のようにささやいてからのことである。「そして、あなたが確かに私のイメージに似せて作られているのと同じく、あなたのイメージに似せて作られている私は、このように**私自身**を所有する」

# 第19章　浴場の絵

あなたはそれらが見ていると見るが、しかしそれは浴場の絵のようなものだ。
それらは見ていない。ああ、形の崇拝者よ、
まるで生気のない二つの目が見ているかのように、形はただ現れるだけだ。

ジャラール・ウッディーン・ルーミー

ルーミーのいう「浴場の絵」とは、認められた正式な装飾ではなく、いたずら描きを意味している。というのは、人間の形を表すものはイスラムでは禁止されているからである。なぜなら、一つの神への崇拝は、多くの神々への崇拝へ、そしてあらゆる種類の偶像崇拝を導くとされているからだ。だから今日まで、モスクと墓はアラベスクや植物から取られたパターン、あるいは抽象的形で

装飾されている。

この章で提起する問題は、偉大なルーミーが主張している二つのことは正しかったのかということである。一番目は、目は見ないということ、そして二番目に、それらが見ないということを見て理解し、いわばそれらに怯《おび》えないことが重要だということである。事実私たちは、人々の絵や彫刻だけでなく、鏡に映る私たち自身の映像、そしてまた私たちが出会うあらゆる人々の目と顔に取り憑いている、あるいは取り憑いているように見える亡霊を取り除く必要があるのだろうか？　もしそうなら、この必要かつ困難で大規模な悪魔祓いの仕事をどうやったらいいのだろうか？

しかし、それは必要なことだろうかと、あなたは尋ねるかもしれない。それはおそらく賢者ルーミーの警告というより、詩人ルーミーのしゃれ、ないし気まぐれな高揚ではないのだろうかと。違うのだ！　他のスーフィーたちもそれを確信していて、中にはもっと徹底的な人たちもいた。たとえば、バヤジッド・オブ・ビスタン（ペルシャのスーフィー・マスター。八〇四〜八七四？）を例にとろう。「私が眺めると、すべての創造物は死んでいることがわかった。私はそれらのために四度祈り、そしてそれらすべての葬式から戻って来た。そして、創造物の侵害なしに、神の助けだけを通じて私は神に到達した」

仲間の人間に対するバシリスク（眼光で人を殺すとされるギリシャ神話の怪獣）のようなこんな態度は、偶像崇拝の防止をあれほど切望しているイスラム教徒だけに限られるのではない。禅仏教は私たちに次のように教えている。「あなたが意識の中にどんなものも、そしてものの中にどんな意識も発見しないときだけ、あなたは空っぽでスピリチュアルであり、形がなく素晴らしい」（ポウシャン）。そして、「他人が住んでいるところに私は住まず、他人が行くところへ私は行かない。このことは私が他人と付き合うことを拒否していることを意味しているのではなく、黒と白は区別しなければならないという意味である」（パイユン）。キリスト教ではパウロが、コロサイ人の弟子たちは死んで、彼らの命はキリストとともに神の中に隠されているものと見なしている。すべて、ルーミーとはそのスタイルや語彙がかなり違うが、しかし中味と目的においては同じである。さらに、これから見ていくように、アドヴァイタ・ベーダンタ哲学の中にも非常に似ていることがそれ自体の言葉で表現されている。それがどれほど奇妙で困難に思えても、偉大なスピリチュアルな伝統が何かについて同意し、多大な労力を払ってその奇妙さと困難さをくどくどと言うとしたら、私たちがその何かを軽くあしらうのは危険であることを確信してほしい。

このことは、それがまた、私たち自身のスピリチュアルなテストや練習、実験の中で、たとえば私たちのトンネルの実験の中で強く生じたとき、いっそう真実となる。

以下にそのトンネル実験のやり方を説明するが、その要点を得るのに、ただそれについて読むだけでは何も役に立たない。あなたは私が言うことを実行しなければならない。

およそ直径二十センチ、長さ三十センチの紙の筒を作ろう。その片側に自分の顔を入れ、もう片側を風呂場の鏡にぴったりとくっつける。そして、見えるもの、筒の中のすべてのものが向こう端に引き寄せられていることを観察しよう。それから、見ているもの、筒の中のすべての意識がこちら側の端、筒のあなたの側に引き寄せられていることを観察する。

ここに汚染からの二重の回復がある。つまり、一般的に言って、向こう側は幽霊、亡霊、意識から浄化され、こちら側はあらゆる種類の物体、物質から浄化されている。

では、向こう側にあなたの顔ではなく、友人の顔を置いて同じ実験を繰り返してみよう。似たような結果ではなかっただろうか？

これらの発見は筒の外では違うものだろうか？　偉大な見者たちが見たものを見るために、あなたはもはや筒を必要としないのではないかと私は思っている。つまり覚醒は、ただ主体――それは結局まさに私とあなたの本質である分けることのできない超人的主体――にのみ属していて、その対象それ自体には決して所属していないということである。

覚醒が主体にしかないことをチェックするために、この印刷物を今あなたが眺めているその起源である明晰さは、あらゆる存在の内部事情として奉仕するほど大きく、目覚めていて非個人的であることを見て、確認してほしい。誰もそれを自分の個人的所有物として主張することはできないのだ。

さて、私たちがこのトンネル実験をやっているとき、そしてさらにもっと重要なことには、私たちができるかぎりこの実験から学んだことに照らして生きているとき、私たちはここ主体の中に与えられていることを重視して、向こうの対象物に与えられていることを無視する危険性があるように私には思えるのだ。つまり、私たちは向こうの対象物を除霊するより、ここの主体を非物質化するほうが得意であり、私たちは両方に意識をおくことで妥協するというわけである。つまり、自分の世界のすべての意識をまさに今ここの意識に集めるというわけではなく、その充分な量を向こうに残して、私たちに対立する顔や目に取り憑かせるのである。つまり、私たちはある程度まだ偶像崇拝者であり、多神論者のままである。

私たちの不安な妥協の結果は二つある。

一つは、私たちは自己意識的である代わりに自意識的なままである。他人といると、私たちはまだ他人からジロジロ見られていると感じ、見たところ批判的な目を快適に眺めることができないと感じがちであり、このせいで一つひとつの状況が要求している自然で流れるような行動ができなくなってしまうのだ。私たちがぎこちなく不自然であるとき、状況が湧き起こる。顔がないことを練習することが、羞恥心の多くを救済してくれるのは確かなことであるが、その一方、視覚を目に帰属させるのをやめるまで、その恥の残存が私たちに問題を与え続ける。

私たちが筒の中で発見したことによって利益を得、それに最後まで従うことが完全にできないことの二番目の結果は、こちら側のただ一つの意識が、それ以下に貶められることである。なぜかと言えば、私たちが一なるものからすべての小さい意識を奪って、多くのものたちに非常に自由に手渡すからである。その必然的結果は、私たちの今や奪われた源泉と資源の中の、もはや一つではない一なるものに対する自信がなくなってしまうことだ。どうして私は、私全部をまったく全体というわけではない者へ明け渡したり、完全に融合していない者、いわば完全に正常だというわけでない者との完全な融合を楽しんだり、部分的にしかヒーリングできない者によって癒されることができるだろうか?

こういった二つの形態の注意の欠如が組み合わさった結果は、私たちは神を神以下に切り下げ、そして**彼**の創造物を創造物以上のものに格上し、つまり彼らに大量の悪ふざけを注入するということである。そのことに直面しよう。というのは、その聖なる源泉から切り離された意識はもはや聖なるものに留まっていないからだ。まったく正反対である! 子供の頃、私がもっていた深刻な問題を想い起こす。私は底に「あなたは私を見る神、その偉大な凝視」と刻まれたお椀を使わせられていた。私はポリッジ(オートミールから作るおかゆ)を食べ終えて、その不愉快な文字を露出させるのがどれほど嫌だったことだろうか!

目に視覚を帰属させることは偶像崇拝であり、障害であるばかりか、恐ろしいことであり、それは非科学的でもある。

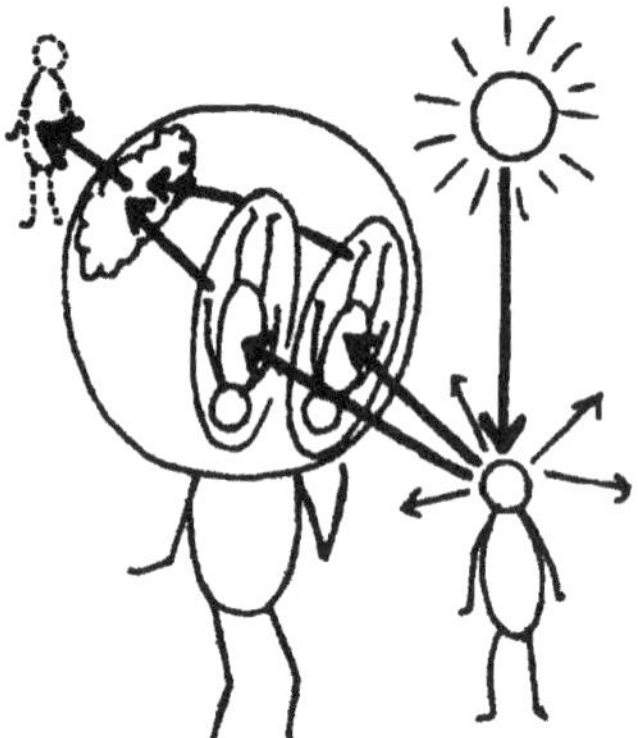

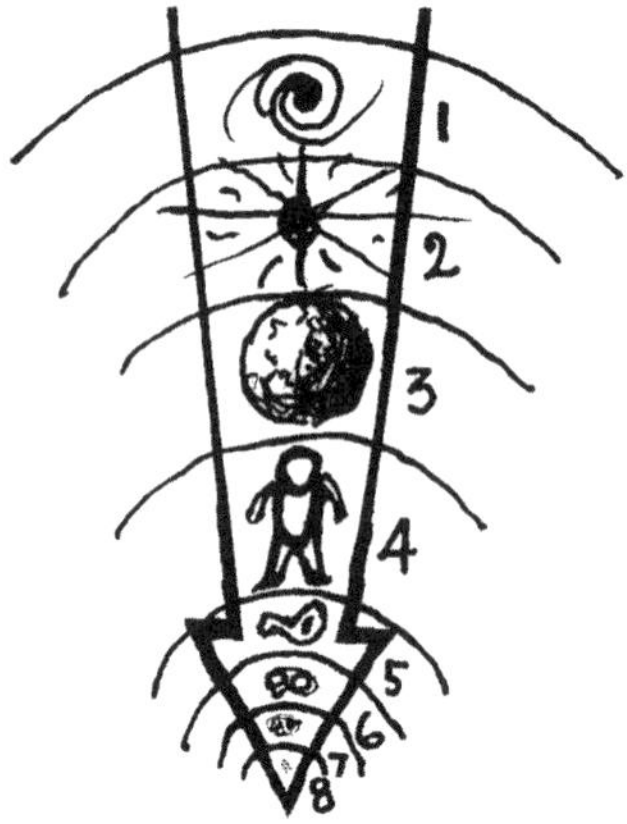


要約すれば、私がどのようにあなたを見るかについての科学的物語は、次のような八重の宇宙的プロセス、八段階の階層的下降である。

銀河からの光線が（1）、特に私たちの太陽から（2）、地球の大気の濾過作用の後で（3）、あなたのところで反射して（4）、あなたの目玉の裏のスクリーンに二つの上下逆さまの映像を形成する（5）。その結果、スクリーンを形成する光に感応する細胞の中の変化が化学物質（ロドプシン）の分子に伝えられ（6）、その化学物質の中にこれらの細胞は浸っている。これらの変化は視神経にそって脳の特別な領域に伝えられ（7）、その原子と分子がその物語を引き継ぐ（8）。これらを越えた後は、絶対的な神秘に隠された終着地点が存在する。**光線がこの終着地点に到達して初めて、私はあなたを見る。**

以上で、私がどのようにあなたを見るかについての科学的物語を終わりにする。これから、それをこの本の言語に翻訳することにしよう。

神だけが見る。**彼**の宇宙的階層の基地の中心で何でもないものであり、同時にその頂上と周辺ですべてのものである神だけがそれらのすべてを見る。見ることは**彼**の仕事である。あなたを見つめる目と人々に見ることを帰属させるのは、科学的時代より遅れた迷信的やり方である。それはまた好き嫌い、不安と怖れ、依存と支配の必要性などの束縛によって、あなたを人々に執着させることである。反対に、視覚を人々に帰属させることをやめれば、これらの束縛を打ち破り、賢者がそれほど高く評価している無執着に到達する。

中国の賢者、荘子（宋の時代の思想家、道教の創始者の一人。前三六九?～前二八六?）は、ここで次のような完全な比喩を提供してくれる。あなたが小船に乗って海にいるとしよう。そこで別の船があなたに衝突しそうになる。その不注意な船長に激怒して、あなたは彼に怒鳴り声を浴びせかける。しかし、もし船が空っぽなら、あなたは冷静なままである。そして（と私は付け加えよう）、もしあなたが賢明なら、あなたは自分への褒美として、その空っぽの船も綱で引いて帰るのだ。

しかしここで、私たちは困難にぶつかる。「愛はどうなるのですか?」と私たちは尋ねる。愛する者を船員のいない船、切り抜きの厚紙に貶めることを拒否する執着は愛だろうか? 一体、そういった執着という拒否の何が間違っているのだろうか、あるいは拒否しないで受け入れれば、何が正しいのだろうか? 事実ここで、その表面にあるものは、偉大なスピリチュアルの伝統に組み込まれている大きな矛盾である。いくつか例を挙げてみよう。

「私は人間と天使の舌でしゃべるが、私には愛はなく、私であるものは音を出す楽器であり、リンリンとなるシンバルになる」とパウロは言っている。そして、パウロの主であり師である人によっておこなわれた山上の説教は、あなたの隣人、敵、迫害者への無条件の愛という、実に素晴らしい祈りであった。しかし、その説教の後には、すぐに次の警告が続くのである。「もしどんな人でも私のところへ来て、自分の父と母、妻、子供たち、兄弟姉妹を憎まないものは、私の弟子にはなれない」。そして、多くの弟子はその警告を文字どおり心に留めたのである。たとえば、祝福されたフォリーニョのアンジェラ（イタリアのローマ・カトリック教会の聖人であり、キリスト教の神秘家。一二四八～一三〇九）は才能に恵まれた神秘家であったが、きわめて陽気に次のように宣言している。「私が神の道を追求するのに大きな障害であった私の母が神の意志によって死に、まもなく同様に私の夫と子供たちも死にました。そして、私が神の道を追求し始めたとき、私から彼らを取り除いてくださいと神に祈ったので、私は彼らの死から大きな慰めを得ました」。ジーン・ピエール・ド・コサードのように非常に中庸で人間的なスピリチュアル・マスターでさえ、彼の信者の一人に次のように書いている。「私があなたに関していだいている一つの懸念を正直に言わせてください。私の意見では、あなたが世間にいる自分の多くの親戚とその他の人たちとそれほどたびたび接触することは、あなたの進歩の障害となっています。この誘惑が聖テレサ（スペインのローマ・カトリック教会の神秘家。一五一五～一五八二）にとって、どれほどの災いの可能性となったか、あなたも知っているはずです」

明らかに私たちはここで重大なジレンマ、解決を要求する実際的問題をかかえている。また、それは個人にとってだけの問題ではない。その社会的影響がどれほど遠くまで届き、深遠になりうるかを見るために、インドとヒンズー教を例にとろう。ウパニシャッドの古代の賢者たちは、神だけが見、そして**彼**が人の本当の本質であり、唯一の単独なるものであるという驚くべき発見をした。そして、他人ということに関して言えば、他人は存在しないのである！　そして、他人が存在するかぎり、彼らの不幸は、彼らの無知、過去世の悪行、彼らの否定的カルマによる必然的結果である。そしてこの知恵が、インドの貧しい人々と病気の人々の苦境に対する無関心を生み出したことは、ほとんど驚くべきことではない。再び私たちは尋ねる。どこで間違ってしまったのだろうか？　あまりの社会的な鈍感さ、気遣いのなさ、愚かさに転化してしまう知恵に何が不足しているのだろうか？

私たちの問題に対する解決法があり、それは次のようなものである。

イエス・キリスト自身の言葉を再び引用すれば、「真実を知りなさい。そうすれば真実があなたを解放してくれるだろう」。そして、この場合の真実とは、あなたが見るすべての目は盲目であるのに対して、その所有者たちの誰も盲目ではないというものである。すべての人は見ている一なるもののただ一つの目で見ている。再び真実とは、すべての生き物はそれ自身では死んでいるが、時間のない神の中では永遠に生きるということである。神は人々の意識としてその存在として、その命として彼らの中にいる。そして、自分の最も親しく近しい人たちを陽気に完全に抹消してしまうことともに、自分の隣人を浴場の絵以下に無慈悲にも貶めてしまうこと、結局それは何なのだろうか？　それは、私たち皆が何でもないものにされている聖なる中心以下であることを断固と拒否し、そのことによってすべてであり、愛そのものである一なるものと一つになることである。

# 第20章　スミスさんが天国へ行く

Heaven

スミスさんが死んで、天国へ行き、そこで彼は丁重にペテロ（キリストの使徒の一人。？～六七？）に頼み事をした。もし主なる神との面会をアレンジしてもらえれば、非常に感謝すると言ったのである。彼の望みはかなえられ、その会話は次のように進行した。

スミス　私は聖なる閣下であるあなたの一生の信者であり、忠実で献身的な僕《しもべ》でした。

神　スミスさん、それはどうもありがとう。

スミス　あなたであることがどれほど素晴らしいことに違いないかと、私はいつも思っていました。

神　実にそのとおりだ。私はまったく驚きで圧倒されている。

スミス　存在しなければならない存在であること、つまりあらゆるものの背後で必要な支えであることは、ただ驚きの驚きです。私たちの誰もが存在の中へ離陸できる前に発射台がふさわしい場所になければならないわけですが、その発射台があなたです！

神　私が存在しなければならないと言うが、そのことを説明してください、スミスさん。

スミス　もし何かが本命馬（と私たちが地上で言うように）、既成事実、最低ライン、私たちの確実な土台であるとすれば、それは主、存在そのものである**あなた**です。

神　私が必然であり、一つの欠くことのできない決着済みの結論であるとあなたは言っているのかな？　そして、私の存在が当然と受け止められるまでは、どんなものも当然ではないと？

スミス　主よ、まったくそのとおりです。存在は、存在しなければならないのです。

神　スミスさん、私は今のあなたの描写の中に自分自身を認めないと言わねばならない。

スミス　しかし、あなたは世界の最深の基盤に対する鍵をおもちの一なるものであり、存在の岩の永遠の安全と堅牢さと確実さを保証してくださるお方です。あなたはその上に**自分の宇宙**がそびえたつ構造物を築かれたのです。

神　あなたを失望させて申し訳ないが、スミスさん、私はそんな鍵はもっていないのだ。事実、私が保証しているとあなたが言うその土台さえ、私は確信していない。

スミス　何ということ！　これはひどいです！　存在そのものである**あなた**が、**自分**の基盤をちゃんと確信していないとか、**自分**の起源、存在理由を知らないなどとおっしゃらないでください！

神　混乱する必要はない。存在がギーと音を立てて停止する、またはあなたの岩が揺れる、または私自身が早々に消滅するという危険性はそれほどないと私は思っている。しかしながら、スミスさん、だからといってあなたが存在しなければならないというわけではないのと同様に、私も存在しなければならないというわけではない。

スミス　私はものも言えないほど驚いています。

神　私もだよ。そして、なぜ私が存在するようになることが、私に鍵も残さず、ものも言えない状態にするかと言えば、その理由は簡単である。それはこういうわけなのだ。殻を割るには、自分自身が起こるようにするには、長い無の闇夜から自分の出現と目覚めを起動し監督するためには、私は存在するためのいかなる場所もある前に、適切な場所にいなければならず、自分自身より前に存在しなければならず、私がそこにいる前にそこにいなければならず、私がまだ不在の間も現存していなければならないことだろう。しかし、ありがたいことに、それは私には不可能な曲芸である。

スミス　私はあなたが全能で全知であると信じていました！　まさに最高の地位（あるいはまさに最低の地位か）でのそういった不能と無知は、あなたを悲しませ、屈辱を与えるに違いありません。自分自身の間違った主張のせいで告発される危険性を、あなたが犯すことは言うまでもなく……

神　続けなさい、スミスさん。

スミス　私はまったく当惑しています。私はあなたを恐れるべきなのか、あなたにひどく失望するべきなのか、あるいはあなたに同情すべきなのか、ほとんどわかりません。

神　スミスさん、少なくともあなたの同情は間違っている。私はありのままの私を愛している。私は偉大なるありそうにない存在であることにぞくぞくし、その不思議に驚いている。いや、**言い直そう**。私は偉大なる不可能な存在であり、それはつまり、非常に特別な喜びになるということだ。そして、私はあなたの言う「本命」の存在、存在しなければならない存在以上に、喜びがなく、死ぬほど退屈で、より死んでいる状態を考えつくことができない。私はあらゆる角度から写真をとられるような、それ自身をきちんと録画されるような、自分自身を簡単に支配するような、そういった存在であることを嫌っている。それでは、世界のハートの鼓動に何の神秘も魔術も驚きもない――それはあなたにとって心痛であり、心臓停止である！　スミスさん、**その**患者のためにこそ、あなたの同情を差し上げなさい。

**スミス**　存在しなければならないただ一つのものがあり、それが存在です。私はあらゆる時代の基盤を信じています。それは、あなたの無神論的どんなダイナマイトも空高く吹き飛ばすことはおろか、くすぐることさえできないものです。そして、これほど熱心にそんな危険を引き起こそうとしているように見える無神論の神を、私は絶対に信じません。

神　私が説明する間、もう少し我慢して聞きなさい。実際は、何もあるべきではなく、どんな意識もどんな神もどんなスミスさんも砂粒やため息さえも、あるべきではない。それらが存在するようになったり、私自身がどこからともいつからともなくやって来ることは、ショックなことでありながら、あらゆる考えうる可能性に反して**不自然**だから楽しいのだ。それにもかかわらず、それは起こり、しかも楽々と華々しく押し出されて、力強く起こるのである！　何の外部の助けも何の理由もなく、私自身が場面に到着することに対して、私の髪が驚きと感謝（誰に対してだろうか？）で永遠に逆毛立っていることに、（あなたの意見では不相応な）この王冠のせいで、あなたはおそらく気づかないのである。

スミス　では、あなたは誰なのですか？　「一体全体あなたはどんな悪魔なのか？（訳注：原書では悪魔という言葉が入る慣用表現"who the devil are you?"）」とさえ、私は言いかけました。

神　いい質問である。あなたは私のことを存在すべきでない存在、あるいは私はこちらのほうが好みだが、神でない神、誰でもない誰かと呼ぶことができよう。それは神でしかない偽神、つまり自分の台座から快く降りて、その基盤にある非存在の清泉で決して水浴びしない気取り屋の存在とは非常に対照的である。

スミス　自分自身を信じない神、自分自身の神性に従って生きることができない神を、私に信じるようにとあなたは真剣に言っているのですか？　あなたは無能な神、決定的欠点で苦しんでいる神に、私が頭を下げることを期待しているのですか？

神　あなたにとっては、欠点と読めるもの、弱々しく失敗と読めるものを、私は天賦の才能、すべてを素晴らしくする不思議と読むのだ。一方であなたが完全に理解できる、よく整理され、首尾一貫した扱いやすい何かをあらゆることの源泉として確立すれば、それが生み出すすべてから重要な要素、つまり朝のすがすがしさ、火と自由、輝きと音楽、そしてよい香りが失われるのである。それが出す唯一の匂いは、気が滅入るようなさえない源泉の腐った体臭である。私は言う。あなた自身とすべての物事の背後で、そこからそれらすべてが生じて来る、軽くてまったく透明な何でもないものを発見しなさい。そうすれば、あなたはあの重要な要素を完全にもつのだ。真実はと言えば、何でもないものと呼ばれるこの工場はあらゆる物事を生み出し、市場に卸売りするだけでなく、その最小の小売商品まで、それ自身の特別な質で商品価値を高めるのである。スミスさん、私はあなたをその喜びと驚きに招待しよう。

スミス　あなたはこの何でもないものについて、たいしたものをおもちなんですね？　でも、私はもっていませんよ。私にとっては、何でもないものは何でもないもので、役立たずのもの、一文の価値もなく、退屈で大あくびにすぎません。

神　スミスさん、待ちなさい！　私は今離陸したので、もう少し行かせてほしい。では、人生のもう少し実際的な詳細に取りかかろう。あなたが誰かを見たり、誰かの声を聞いたりするとき、あなたがどんな場面でも、感覚でも、思考でも、とにかく何であれ取り入れるとき、あなたはそれに対して道をあけ、それを楽しませ、それを入れる場所を与えているのだ。それが物体であることはあなたを非物体化する。その存在はあなたの不在である。なぜだろうか？　なぜなら、あなたはそういうふうに作られているからである。さて、私もそうなのである。実に実に、スミスさん、今この瞬間、私はあなたで満たされるために空っぽである。あなたが生きることができるように、私は死ぬ。あなたがスミスという人に上ることができるように、私は神の不在性に沈む。どんな何でもないものもなく、どんなものものもない。私たちの人生のすべては、果てしない無の海洋に浮かぶ多くの船である。果てしない無の海洋、それは上昇浮力としてはすごいことではないだろうか？　しかし、スミス船長は現在乾ドックへ入っていることを私は忘れていた。

スミス　この面会の最初であなたは、私が描写したあなたの姿の中に自分自身を認めませんでした。さて、あなたの**その言葉と交換に**、私があなたに言うことは次のことです。私はあなたが描写した私の姿の中に、自分自身を認めないのは確かなことです。私はこの何でもないものへの執念を拒否します。なぜでしょうか？　なぜなら、それは不健全だからです。それは命を否定するものであり、マゾヒスト的であり、それはある種の自殺の試みでさえあります。

神　それは、あなたが意識的な何もなさを無意識的な消滅だと間違って見なし、常に更新される始まりを自分の終わりだと思うので、当然あなたは怯えるのだ。もしあなたが勇気をふりしぼって、それに心からの「これでいいです」を言うとすれば、それがあなたの死の恐れ、そして死そのものへの薬だということが理解できよう。あなたはその中に、自分が消え去るようになることの代わりに、自分が存在するようになることを発見するだろう。さらにそれは、光を照らす光、最も低いゆえにこそ最高中の最高であり、命のパンの中のパン種、命のワインの中のアルコール、あらゆる悪意、醜悪さ、嘘に対する聖戦の中の秘密の武器であることを、あなたは発見するかもしれない。一つだけ確かなことがある。あなたはそれを退屈だとか単調だとは思わないだろうということだ。退屈で単調なのは、その第一の生産者から離れた物事である。日中の涼しいとき、私はアダム（旧約聖書の中に出てくる、神が初めて造った人間）といっしょに庭を散歩するのだが、それは実に荒涼とした場所だ。スミスさん、いっしょにしばらく散歩するかね？

スミス（王座から後ずさって）恐ろしいほどの混乱があります。私はどうしたらいいでしょうか？

神　ここと向こうのあの王宮を行き来する忙しい送迎サービスがある。それは威厳ある誰かの威厳ある家へ、あなたを連れて行ってくれることだろう。その誰かさんは、誰でもないものになること、つまり誰かのために消えることによって、自分自身を失望させまいと決意している。ということで、スミスさん、これは神との永遠のサヨナラではなく、悪魔との別れである。あるいは、また会うときまで、と言ってもいいかな？

スミスさん、ぶつぶつ言いながら、退場する。

# 第21章　チャオの夢

ここでは、形は空《くう》であり、空は形である。
ここには、目もなく、耳もなく、鼻もなく、舌もない。
ここでは、誕生も、朽ち果てることもなく、死もない。
それゆえ、菩薩は、ふるえることをやめた。
一体、何が間違うことができるというのか？
行った、越えて行った、彼岸へ行った！

（般若心経からの要約）

チャオは満足げに自分ににっこりと微笑んだ。
「今日は、私にとって満願が成就した日だ」と、彼は仲間の僧たちに向かって宣言した。「言うまでもなく、大乗仏教と祝福された方の教えの本質である貴重な般若心経の一万回目の読経を、私はちょうど終えたところだ」

他の皆が彼に敬意をこめて祝福した後で、新弟子のツングがチャオに近づき、深々とおじぎをすると、般若心経の意味を説明してもらえないかと頼んだのである。

この奇妙な要求に非常に驚いて、チャオは彼自身どう言ったらいいか、言葉に困ったことに気づいた。しかし長い沈黙の後、彼は次のように答えた。「それは非常に昔の聖なる力のある聖典である。そうであるので、正しい姿勢でそれを長年読経することが、有益な影響をもたらしたに違いない。もっとも、その大部分は隠されてはいるが。自然発生する恩恵については、私はそれをすべての生きとし生けるものに捧げている。しかし、初心者ではあるが、もちろんおまえもこの聖典が非常に聖なるもので深遠であり、すべての大乗仏教の僧院で日々読経されていることを知っているはずだ」

その若い新弟子は再び深々と頭を下げて、答えた。「師よ、般若心経は非常に聖なるものなので、それは読経するためのものであって、決して理解するためのものではないのでしょう」

「瞑想ホールの床がひどく汚れているから、掃除をしておけよ」と、チャオははぐらかして答えた。自分がなぜ狼狽しているのかがそれほど明確でなかったので、彼はなおさら心が乱れたのである。心が乱れた理由の一部は、非常に特別で幸福な日になるはずだった一日を、たかが新弟子に台無しにされることを自分が許したからだった。

その夜、彼は夢を見た。

彼の前に、黄金の仏陀がそびえ立ち、慈悲深い様子で光線と微笑みを放射していた。「あなたのために、私に何かできることはありますか?」。彼は純粋な音楽のような声で尋ねた。

「ああ、聖なるお方。一万回ですよ。私は、形は空であると宣言しているあなたの貴重なお言葉を一万回も読経したのです。一万回ですよ! しかし、この卑しい僧が出会う形は満ちておりますす。樹皮はまさに木の中心まで固い木を包んでいます。壊れた石はどこまで砕いても石でございます。傷ついた人たちは単純に血と肉でできております。空《から》の壷さえふちまで空気で満ちています」

「私はあなたの問題を完全に理解しています」と仏陀は答えた。「これから私は喜んであなたを助けてあげます。私は、まったく空っぽなあなた自身のまさに見本の形を手配しましょう。そうすればあなたは、いわば内部状況としては満ちているように見える形の真の見本として、その見本を受け入れることができるでしょう。どうですか?」

「聖なるお方よ、私はあなたに永遠に感謝することでしょう」

「では、早速始めましょう! これからあなたは、あなた自身の『虚空である形』の小包を与えられます。さらにあなたは、即座の検査のために準備された状態で、それを手渡されるでしょう。あなたは常に完全なる明晰さをもって、完全なる空性を見ることができるようになるでしょう」

「私の感謝は言葉では言い表せません」とチャオは答え、「しかし……」と彼は躊躇した。「もしそれが**それほど**空っぽなら、どうやって私はそれがそこにあることをそもそも知るのでしょうか？　それはまったく見つけることができないのではないでしょうか？」

「あなたの困難は予想されていました。あなたは形が存在していることについては、たくさんの鍵をもっていますが、その鍵はそれにもかかわらず、ほんのわずかでもその透明性を曇らせることにはならないのです。たとえば、あなたはそれに触ることができるでしょう。事実、あなたが満足するまで、そこらじゅうのものを指で触ることができるでしょう」

「私はちょうど、この不可視性と触知性の驚くべき組み合わせは、ときに少々人を困惑させるのではないかと考えていました。私は物体にぶつかり続けるではありませんか？　どうかこういった愚かな質問をお許しください。聖なるお方よ！」とこの僧は非常に神経質になって答えた。

「まったく愚かではありませんよ！　私はそれが最も忠実で控えめな召使のように、あなたの後をついていくようにすでに手はずを整えてあるのです。事実、それは肉体的にあなたにくっついています。あなたは常に簡単にそれを見つけることができるでしょうし、それにもかかわらず、それはあなたがどこに行っても充分に道をあけてくれるでしょう。例外は、おそらく低い入り口を通過するときだけです」

「高貴なお方に賞賛を捧げます！　実に多面的な奇跡です！　私が自分の特別な無のかたまりを

もって歩き回ったり、それがそこにあるかどうかを確かめるために時々指で触ったりして、少々滑稽に見えたとしても、私は気にしません。むしろ、貴重な糞の玉をもち歩いている心配そうなエジプトの昆虫のようです」

「狂人たちの国では、正常な人は滑稽であるのです。しかし、心配することはありません。人々は決して気づかないでしょう。この満願の日に、私があなたにして上げられることが何か他にありますか？」

「私はちょうど次のことを考えていました。聖なる聖典の中であなたは、形は空であると教えただけではなく、空は形であるとも教えています。しかし、私の空性の見本が空っぽであることをやめずに、どうやって何かになったり、何かを含んだりすることができるのですか？　この愚かな僧は当惑しております」

「チャオ、ただ試してみなさい。そうすれば、それはすべて納得のいくものだとわかるでしょう。ただ今は、あなたにはそれが不可能に聞こえても、私はあなた自身の絶対的な傷一つない虚空が無数の形を含むということを明確に見ることができるようになると約束します。あるいは、含むというより、むしろそれは無限の数と広がりと多様性をもった**形だ**と言うほうがいいでしょう。あなた自身の個人的空性の小包は、あなたがどこでも扱えるほど充分に小さいにもかかわらず、目がさめるほど色彩豊かで、巨大でゴーゴーと音が鳴り響く世界で目に見えて満たされるでしょう。そしてそれゆえ、世界より大きくはないとしても、世界と同じくらい大きいのです」

「聖なるお方よ、これらのきわめて不可能な奇跡に対して、あなたにどんなに感謝しても感謝し尽くせるものではありません。それに加えて（あなたが聖典の中でおっしゃっているように）、ここには目もなく、耳もなく、舌もなく、鼻もないという同様の奇跡があります。私自身は、多かれ少なかれちゃんと機能している目や耳、舌や鼻をここにもっているという幻想の元で生きております」

「私はそれらをすぐに除去する手はずをすでに整えてあります」と仏陀はのん気に言った。

「ああ、まさか！」とチャオは息をのんだ。

「もちろん、無痛ですよ。さらにこの手術をすれば、あなたの視覚と聴覚と味覚と嗅覚はもっと鋭敏になることがわかると思います」と仏陀は慰めるように付け加えた。

「慈悲深いお方は、この無価値な僧にすでにあまりにたくさんの贈りものをくださいました。しかし、一つ非常に重大な困難が残っています。聖なる聖典では、朽ち果てるものも死があることも否定しています。しかし私は驚きというより警告をもって、私が実に滅びゆく素材からできていることに気づきます」

「その問題もすでに処置されているのです。実際のところ、あなたが決して変化しないきわめて素晴らしい実体からできていることをこれから見るかどうかは、あなた次第です。そして、**あなた**ということで私が意味しているのは、あなたがまさに今いるところにまさにあるもの、あなたの源泉のことです。あらゆる識別できる特徴に汚染されていないので、それは滅びゆくことはおろか、わずかな傷や腐敗にも決して苦しむことがないのは明白です」

「聖なるお方。涅槃から非常に遠く離れた、すべての幻想と苦痛と不潔さのこの世の嵐の岸辺で、自分がこの驚くべき新しい人生を始めることができるのかどうかと疑っていることを、どうかお許しください。ああ、私は祝福された安息地への航海は長く危険で困難で、そして（私が長年明け渡しているにもかかわらず）、この人生では私にとっては不可能であることを確信しています。ただ、もし……」

仏陀は微笑み、純粋な慈悲そのものである声で言った。「わかりました。あなたは渡ったのです！　行ったのです、行ったのです、彼岸へ渡ったのです！　あるいは、むしろ来たのです、彼岸に渡って来たのです。あなたはこの平和な岸辺に永遠に確立されているのです。そして、あの世の混乱は向こうにあります。見たところ非常に近くに見えますが、しかし、何百、何億万マイル以上海を隔てているのです。これは役立ちますか？　まだ何かありますか？」

「いえ、これで私の望むものはすべてです。これ以上誰が何を望むことができましょうか」と、チャオは再び何度も何度も平伏し、ささやいた。そしてさらに、地面に頭をつけて、ほとんど聞き取れない声で、「もちろん、聖なるお方は遅れることなく、この純真な僧に『彼の慈悲深い約束』を授けてくださることだろう」と付け加えた。

「あなたが目覚めるやいなや、私が約束したすべてはあなたのものになるでしょうが、ただし次のような条件があります。あなたはそれを本当に望まなければなりませんし、それについて考えたり、信じたり、読経したりする代わりに、それを中に入れて、自分自身を開いて、実際にそれを見て、そしてそこから見なければなりません。実際には、あなたがそれを中に入れることを選ぼうとそうでなかろうと、無条件にそれはいずれにせよ、あなたのものなのです」

翌日、チャオは自分の夢を彼の若い弟子に話して聞かせた。「それが続いている間は、素晴らしい経験だったのだ」と彼は非常に悲しそうに言った。「それが夢にしかすぎず、その言葉の一つも実現しないとは、何と残念なことだろうか。私が思うには、夢の仏陀の約束がこの目覚めた世界では効力を発揮することは期待できないのだ。しかし、それらは非常に明確で、それらについては何の『もし』も『しかし』もなかった。そして仏陀は、見るのにこれ以上輝けないほど輝き、これ以上美しいものはないほど美しかったのだ」

新弟子は「聖なるお方が実際におっしゃったことは、師が本当にこの途方もない恩恵を望み、謙虚になって与えられるままにそれらを受け取らなければならないということでしょう」と答えた。

「もちろん私は本当にそれらを望んでいるし、私がどれほど謙虚かはおまえも知っておろう」

ツングは再び頭を下げた。「では、おそらく師はすでにそれらすべてをもっているのに、ただ気づかないだけなのでしょう」と彼は言った。

「何とバカなことを！」と、チャオは苛立って反論した。彼はちょうどこれから、一万一回目の般若心経の読経をするところだった。

# 第22章　復活

復活は幻想だと想像してはいけない。
それは幻想ではなく、真実である。
復活は、あるがままの啓示であり、
物事の変容であり、
新しさへの移行である。
あなた自身をすでに復活したものとして見てはどうだろうか？

復活に関する論文（三世紀）

キリスト教信仰の元となるものは、使徒の信条であり、その中には、「私は肉体の復活を信じる」という言葉がある。スピリットの復活だけではなく、（気づいてほしいことだが）肉体の復活でもある。クイントゥス・セプティミウス・テルトゥリアヌス（キリスト教神学者。一六〇?―二二〇?）は、おそらくこの信仰の初期の最も偉大な提唱者であり、彼はこの点についてきわめて明確である。死者からよみがえった肉体とは、「血に浸され、骨で支えられ、神経や血管が織り込まれているまさにこの肉体」に他ならないと彼は主張している。そういったものが、墓の向こう側から復活したキリストと私たち皆である。そして、私たちはなぜこれを信じるべきなのだろうか？　**なぜなら、それはバカバカしいからである**。なぜなら、それが不可能ゆえに確実だからである。これが、「テルトゥリアヌスの信仰の法則」と非常に真面目に呼ばれているものであり、当然の成り行きで聖アウグスティヌス（古代キリスト教の神学者、哲学者、説教者。三五四～四三〇）もこれに賛同している。

ほとんど二千年間、無数の人たちがこの明らかに不条理で、不可能なもの、（目に見えないものへの）**信仰の否定**を提唱し、保証し、信じてきた！　そういう中には、聖トマス・アクィナス（中世イタリアの神学者、哲学者。一二二五?～一二七四）のような輝かしい知性の持ち主や、ロイスブルークやジェノアの聖キャサリン（イタリアのローマカトリックの聖人、神秘家。一四四七～一五一〇）のような啓蒙的で神を中心に生きた人たちもいた。

このナンセンスがどれほどバカバカしいかは明らかなのに、なぜ長年にわたって現れ続けるのだろうか？

「三日目にイエス・キリストが死から復活した」ことへの信仰は、なかなか信じがたいとしても決して不可能ではないと私も思う。結局、彼は機能していないとはいえ、彼の仲間が見たり、付き合ったり、認識したりするために、彼はまだ無傷でまったくそこにいたのだった。そして現代では、医学的には死んだと診断されたにもかかわらず、回復し、戻って来て、その話を語る患者が非常に増えている。私はイエスがこういったいわゆる臨死体験をした一人であったということを言っているのではなく、死の扉についての臨死体験者の話のおかげで、扉を通過したイエスの話がより信じられるものになっているのではないかということをほのめかしている。

本当に**滑稽なのは**、審判の日が来ると、火葬や水葬、あるいは長く土葬された肉体をかつて構成していた分子が、最後のラッパに聞き耳を立てて、広く遠くから従順に急いでやって来て、自分自身を組織化し、死者が生き返るという信仰である。この乱暴なおとぎ話には多くの、ないしほとんどの「あなたの」分子が他の復活した肉体に所属しているという問題が加わるのである！　私には限りなく苦い論争と、復活したほとんどの肉体は材料不足のため、ひどい欠陥があるかやせているであろうことが予測できる。共食いが投げかける問題に関しては想像を絶する。

なぜ(繰り返すが)、この古代の神聖化されているナンセンスが、ただ信じられてきたばかりでなく、これ以外のことでは賢明な人々に主張されてきたのだろうか？

一つの答えは、ある程度までは正当であると私も確信しているが、多くの作家によって提案されてきたことである。つまり、私たちには死後の人生があるはずで、そしてそれが現実であるためには、この死後の人生がどんな不可能を伴っていても、肉体的人生であるはずだという根深い本能がある。もし天国に肉体のないスピリット――目に見えず、触ることができず、耳に聞こえず、臭わず――だけが居住しているとすれば、それは愛する人たちの集まりというより、宇宙的ガスタンクや天気予報のようなものだろうと私たちは確信する。

すべてがバカバカしいにもかかわらず、肉体的復活の教義が西洋人に与えている影響力を説明しようとするこの試みの問題は、それがこれらのバカバカしさを取り除くために何もできないことである。反対に、それは次のような質問をすることで滑稽さを増している。私たちの真の幸福、まさに私たちの人生の意味は、ナンセンス、真っ赤な嘘、まったくの裸の狂気にもとづいているというのはありえることだろうか？　私たちはそのような宇宙に自分が置き去りにされていることを発見するのだろうか？　神は老衰に苦しんで、物事をひどく混乱させてしまったのだろうか？　あるいは**彼**は、こういった生と死の問題についての真実が真実ではないもので成り立つようにし、そして真実が私たちを解放する代わりに精神病院へ閉じ込めるように手配したトリック・スターなのだろうか？

もちろん私たちは提供されている、より正気な代わりの方法を試してみて、それも同様に存在しないか、うまくいかないとわかった後で、最後の避難所としてそういった絶望的信念に駆り立てられるのかもしれない。当面、欠点は真実そのものの中ではなく、私たち自身の中に、真実に対する私たちの意図的盲目さの中にあるという可能性(見込みではないとしても)、つまり狂ったのは神々ではなく、ほとんど確実に私たちであるという可能性を認めることにしよう。

さて、ここにより正気な代わりの方法がある。

私が提案する代わりの方法とは、**自分が何であるかと私たちが考えていることや、言われていることがどうであれ、あなたと私はあえて私たちがすでにそうであるところのものを見る**ことである。そして、自分が見たものを喜んで記録し続けることである。

私はこれから自分自身がそうであると発見したものをあなたに示すことにする。ただしそれは次の前提にもとづいている。つまり、あなたの全身が映る鏡の前に立つかすわって、鏡の中の肉体とあなたが見る鏡のこちら側の肉体を描いて絵を完成させるとき、あなたもまた、私が自分を描写したものと似ているかどうかを眺め見るということである。その芸術的利益には何の報償もないが、正直であることに対して与えられる報償は、信じられないほど素晴らしいものだ。

私はあなたのために話す立場にはないが、しかし私が全身の映る鏡の前に立つとき、私には二つの肉体が見え、それらは私が自分自身と呼んでいる対照的な二つの肉体である。以下にそのイラストを示す。

さて、私が得ているものは二つの肉体であり、私はそれ以下ではやってゆけない。それらは協力し合っている。小さいほうに、私は「死ぬ前の肉体」というニックネームをつけた。なぜなら、それはまだ死んでいないからである。そして大きいほうに、「死後の肉体」というニックネームをつけた。なぜなら、それは最も手っ取り早い死刑の方法である首切りによってすでに死んで、そして生き返ったからだ。最も明白で生き生きし、親しみやすい人生へと生き返ったのである。私はテルトゥリアヌスが「血に浸され、骨で支えられ、神経や血管が織り込まれているまさにこの肉体」として私の復活した肉体を描写していることに、心から賛成しなければならない。しかし、私たち

が食い違うところは、彼はそれが未来に存在するバカバカしさだから信じるのに対して、私はそれが現在に存在する明白さだから信じるという点である。

肉体の復活について正統的テルトゥリアヌスの説明がバカバカしいに**違いない**のは、それが死ぬ前の肉体と死後の肉体との間に何の違いも見出さないからである。一方事実はと言えば、これらの違いは多くて深く、目を見張るものである。それらのいくつかは私たちの絵にも現れているが、その主なものは、小さい肉体のほうには時間のない中心が欠けていて、それは大きなほうにあるということである。そして今、私が強調し、夢中になっている事実は、私が好むと好まざるとにかかわらず、私が今ここで復活した人生を生きているということであり、それは死後の**復活されたこの**肉体の人生であって、決して死ぬ前の復活前のあの肉体の人生ではないということである。かゆみを感じるのは、首のついているあの頭部ではなく、首のないこの頭部である。私がこれを信じるのは、それが明白だからだ。

驚くべきことだが、私たちはそういった人生を生きているにもかかわらず、それを否定し、それについて知りたいと思わないのだ。ロンドンの国立人物博物館に展示されている何百という魅力的な肖像画のことを考えてみてほしい。ウィンストン・チャーチル、ヴァージニア・ウルフ、G・K・チェスタートン、そして他の人たち。彼らの中のたった一人として、**向こう向きになっていたり、向こうを見ていた者がいただろうか**？　あの物体の中の彼らの誰かが、二つの目から世界を見ていただろうか？　こういった頭のある肉体はかつて一度でもかゆかっただろうか？　彼らの中の最も聖なる者たちさえ皆**不滅の核**をもっていただろうか？

その答えは、もちろん決定的に「いいえ」である。**本物**のウィンストン、**本物**のヴァージニア、**本物**のG・Kも他の人たちも皆、絵や写真や鏡の像より少なくとも一メートル離れたところで、非常に異なった、頭のない反対方向を向いた、かゆみも感じる**復活した**肉体を上品に身につけていたのだ（彼らの中の何人が、この巨大な違いに気づき、復活した人生を意識して生きていたかどうかは、それはもちろんまったく別問題である）。

しかし私は、この復活した人生がきれいに片付けられ、説明され、理解されるようになっていると言っているわけではないことに注意していただきたい。まったくその正反対である。明白とは、従順であるとか、親切であるとか、理解されているとか、平凡であるということを意味していない。事実、私はこの復活した人生以上に、より制限がなく、より冒険的で、実に想像を絶する状態を考えつくことができない。そして、主を称えたまえ！　この組み込まれたあいまいさはまさに必要なものであり、まさに私がこの新しい人生から望むものである。つまり、復活した人生とは、変化しない核と変化する道具、確実さ、安全さ、その他とその正反対のもの、深い知識とぽかんと口をあけた無知とを威厳をもって結びつけることである。そして私は、自分自身がそれらのすべてを当然と受け止めていることに、びっくり仰天しているのだ。

しかし、どうかこういった言葉は一言も**信じない**でいただきたい。ただそれを試してみてほしい。これらの並列してある肉体を、繰り返し写真にとったり、望ましくは描いたりして、今自分がどちらの中に、そしてどちらから生きているのかを決定し、必要に応じて自分の視覚や人生を調整してほしい。

ここで「テルトゥリアヌスのバカバカしさ」のもう一つの面を理解してみよう。

私たちの復活した人生は天国、つまり遥かな星々やその他の天体の領域で過ごされる(と言われている)。実際、これはほとんどの文化に共通した昔からの言い伝えである。私たちには肉体的生活である復活した人生があるだけでなく、それは**天の中で生かされている**という本能があると言えるだろう。もちろん、これはその本能がそれゆえに真実であるとか、ちゃんとした根拠があるという意味ではないが、その中にどんな真実があるのかを眺めて見る必要があることを確かに意味している。

一見すると、その場所はありそうにないように見える。穏やかに言っても、天国の気候は人間の居住には不適切である。私たちはそこへ到着する前に、皆肺炎で死んでしまうことだろう。

この問題を正当に扱うために、私たちは人間以上と人間以下の宇宙的レベルの全領域、人間が所属している全体と部分の偉大なる階層を完全に説明しなければならない。私とあなたが冷静なとき、私たちはただ二つではなく、三つの体を手にしていることがわかる。抽象を減らして具体性と

完全性を増すために説明するなら次のようになる。

（1）死ぬ前の私の肉体、（2）死後の復活した私の肉体、そして（3）私の肉体全体、あるいは宇宙的肉体である。上のイラストが三つの肉体のおおよその形である。

肉体（3）は、（1）と（2）が**必要としているもの、（1）と（2）であるために、それらがもたなければならないもの**を示している。これが何かを発見するために、私は自分自身に尋ねる。もし仲間の人間と彼らがやっていること、地球の大地と空気と水と植物と動物、太陽の光とエネルギー、そして宇宙そのものがないとしたら、私とは何だろうか？　再び私は尋ねる。もし私を構成し、私がやることをすべてやってくれる細胞がなければ、私とは何だろうか？　そして、細胞を構成する分子がなければ、細胞は何だろうか？　そして、分子を構成する原子がなければ、分子とは何だろうか？　そして、無に至るまでえんえんと同じ問いが続く。こういった非常に綿密で包括的質問に対する答えは、次のことである。それらがなければ、私は影以下の存在であり、抽象であり、夢である。実に実にこの全体と部分の荘厳な階層は**分割できない**のであり、その中の特別なダグラス的物体であるためには、私たちの共通の源泉と中心における何でもないもの、あるいはゼロとともに私はその他のすべての特別なものも抱きしめ、受け入れなければならないのである。

したがって（前頁のイラストに示されているように）復活した私は、すでに天国にいるのであり、**他のどこにも住むことができない**だろう。そしてもし人々が、星々は何十光年離れていると私に言っても、私が見る星は今ここにあり、私とそれらの間の「距離」は、（定規の）端をまっすぐ自分側に向けて見るとき、ゼロかまったく距離がないと解釈できる（実際、私はそういうふうに見ている）と私は彼らに言う。

しかし、最後の瞬間にここで私に深刻な反論が起こる。この私の巨大な肉体の中の基地、重力の中心に向かうとき、私は星を越えて頂上に上る代わりに、イラストのクォーク以下の底に自分が沈んでしまうことを発見する。天国というより確かに冥界（あるいは地獄と言うべきか）のような場所へ沈んでいくのである。

だとしたら、私はどうすればいいのだろうか？

私は自分がそこから眺めているこの底なしの中心点を指さし、自分が意識的にあらゆる方向へ、瞬間的に爆発している何でもないものであることを発見する。TNTを含む分子爆弾はパワーがあって汚染度が高く、原子爆弾はもっとパワーがあってもっと汚染し、水素爆弾はさらにもっとパワーがあってもっと汚染する。しかし、このゼロ爆弾の今ここでの爆発は、無限のパワーがあり、完全にきれいで、それは何でもないものをあらゆるものへと変容する。それはまた、この栄光あるすべてのレベルの肉体と終わりなき世界として、死者を生の中へよみがえらせる偉大なる復活に他ならない、アーメン。

私はこの復活を非常に確信している。なぜなら、親愛なるいにしえのテルトゥリアヌスの「復活は未来に起こり、バカバカしいもの」という主張（彼の本能はすべて正しかったが、それを信じる理由がすべて間違っていた）とは違って、復活は現在に起こっていて、まったくありがたいことに明白であると、私が発見するからだ！

まさにそのとおりなのだ！

# 第23章　私を創造された方が私のテントの中で休んでいた（注1）

「親愛なる友よ、一つ頼み事があるのだが、私をあなたの中の神にさせてくれないだろうか？それで、何かあなたには失うことがあるだろうか？」（注2）と**彼**は私に尋ねた。

「親愛なる主よ、あなた以上に歓迎すべきお客はおらず、誰でもこれ以上ないくらい驚きに打たれ、感謝で満ちることでしょう。あなたもご存知のように、あなたは私の心からの望みです」と私は答えた。

「それは私も知っている。しかし、私とあなたの間の物事がどういうふうになっていて、あなたがそれを見ると、私たちの融合は現在どういう状態であるかを聞きたい。おそらく、アメリカ大統領の一般教書（アメリカ大統領が年頭に発表するメッセージ）のようなものだと思うが」

「さて主よ、私はあらゆる種類の悪い衝動と怠惰な空想を告白しなければなりません。私は絶対的にあなたの所有物であり、私は私の主を住まわせていますが、しかし悲しいことに、私はいわば半分離れています」

「こういった類の問題がまさにあなたを私のところへ連れて来るのだ。しかし、どうか話題を変えないように。私たちはあなたの心の状態について話しているのではなく、私たちの融合の状態について話している」

「私はどこから始めたらいいか考えることができません……」

「本当に**広く開いている唯一の目**についてはどうかな？　それはどんなふうになっているだろうか？」

「素晴らしいです、親愛なる主よ！　この巨大な目から眺めること以上に、単純で自然で、しかも驚くべきことはないでしょう」

「**私たちの目**だよ！」

「主よ、ありがとうございます。私たちの**目**から眺めること以上に、ですね。私たちの目はあまりに巨大なので、自分自身をあらゆる方向に追いやり、またそれはあまりに明晰なので、それ自身から自分とあらゆるものの痕跡を一掃するのです。事実、ハロウィンのかぼちゃのような中の一組の小さいのぞき穴から、私はあなたの世界をのぞいていたと想像していたわけですが、今ではその想像が何だったのか考えることもできません。世界の広さよりも広い**あなたの目**とは、何という贈りもので、何と気前よく与えられ、何と輝くばかりに明白なことでしょうか！」

「そして、それとともにきわめて多くがやって来るのである。自分の**目**に注意を払いなさい。そうすればおまけとして、私の残りもその中に投げ込まれるように手配しよう。どうして私が、**私自身**のそれほど重要な部分をあなたに提供して、残りを差し控えるなどということが**できるだろうか**？　私は全体で来るか、まったく来ないかである。そして、私は簡単に、まばたきと同じくらい簡単に来る。少々の好奇心と驚き、練習というよりも楽しみで、あなたは**私**とともに見る習慣だけでなく、**私**として見る習慣も獲得したのだ」

「しかし人々は、**あなた**は手に入れがたいと言っています！」

「**私の目**とともに、**私の手**も来るのだよ」

「はい、主よ、それらはともに自然にやって来ます。ここに非常に素晴らしい何かがあります！　これらの腕が私の人間的仕事をし、私の人間的愛を抱きしめるかぎり、これらの手は私のものです。しかしながら、これらの手が**あなた**の聖なる仕事をするかぎり、これらのまさに同じ手は**あなたのもの**です」

「聖なる仕事以外に他のどんな仕事を私がもっていると言うのかね？　そして親愛なる者よ、私があなたの愛する者を抱きしめるのは、あなたとしてである。**私**があなたになることなく、あなたが**私**になることができるとは想像しないように。私たちはお互いを必要としている。神のお返しなしに、人は神にはなれないのだ」

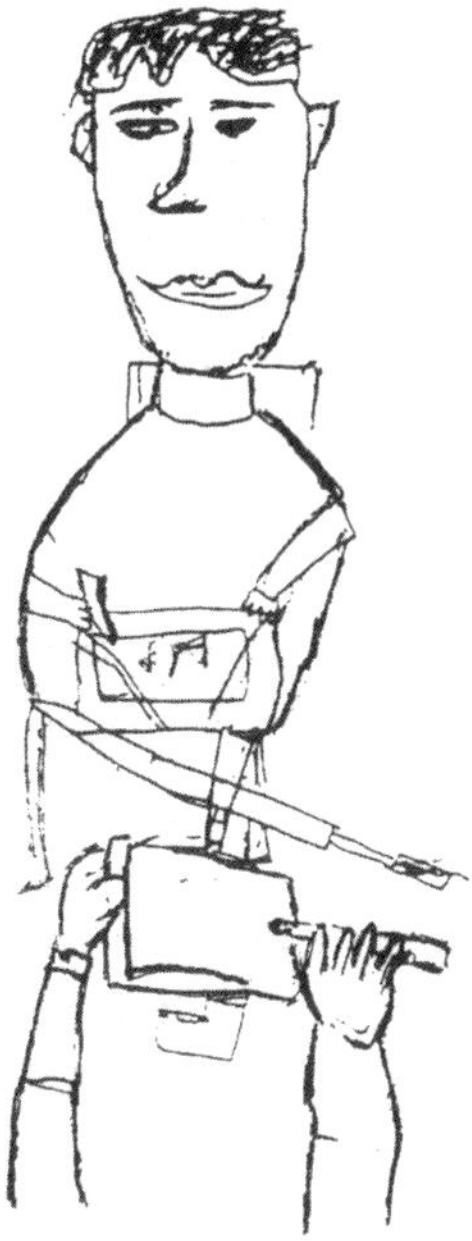

「これらの平凡な手足が本当に何という不可能な奇跡でしょうか！　そして、これらが従事している物事もです！　しかしながら、再び何と自然に、何とやすやすとこれらの手は前に出て、何と子供のようでしょうか！　ここに八歳の子供が自分と友人を描いた素描があります。友人の腕とは違って、彼女の腕は肩や胴体からではなく、彼女の広大さから前に突き出て、切り離されていることに注目してください。私はなぜなのだろうかと思うのです。八歳のときにこれほど自然で、それほど努力せずともやって来ることが、十八歳になると不自然になり、八十歳になるとほとんど不可能になるのはどうしてなのかと」

「あるいは、どんなときでも、あまり興味のない人にはどうしてそれがわからないのかということだ。あなた方人間についての問題は、岩盤のように確固たる認識から、観念の泥沼へ簡単にすべり落ちてしまうことである。だから、実際的でいることにしよう。私たちの手足には向こうに見える手足とここで見る手足という二つの様式があるが、それら二つの様式の機能について目を見張る対照的な具体例を、**私**に挙げてみるように」

「主よ、私は印象的な例を思いつこうと努めております。おそらく、瞑想ホールや禅堂の静寂さの中でなら、私はいい例を思いつくと思うのですが」

「では、より便利で日常的で、確かにより快適な禅堂であるあなたの車の中ではどうだろうか？ 一般的には、静寂であることでは知られていないが、しかし……」

「もちろんです、親愛なる主よ！ もちろんです！ お皿を洗ったり、キーボードを叩いたりするこれらの非常に人間的な私の手は、車のハンドルを握るときは非常に異なることをします。これは聖なる物事、主よ、**あなた**の物事です！ 人々が私に教えることの代わりに、**あなた**が示してくださることによって私が行動するかぎり。すると、こういった手は、私を車でパリに連れて行く代わりに、パリを私のところへ車で連れて来てくれるのです。私の後部でそれらは、カレー（フランス北部の都市）から私を車で運び去ってくれる代わりに、カレーを車で私から後ろに連れ去るのです。外からは私の乗った車が静かな田園を時速七十キロで通過するように見えますが、実際は同じスピードで私の手が田園を運転して、私の中を通過させるのです。実にそうです！ 台所でジャガイモの皮をむくこれらのまさに同じ手が、私のルノー・クリオ（フランス製の車）の中で、一皮一皮あなたの宇宙の皮むきをするのです！ そして、そうしている間、私はあなたの静寂さ、あらゆる物事を動かす静寂さの中に置かれているのです！」

「正しい配慮と注意をもたずに運転するという、人を疲労させ、危険である習慣を破るのは、大変難しいことではなかっただろうか？ つまり、あなたのクリオを、瞑想＝注意＝驚き＝**私**との融合が存在する禅堂へと変えることは?」

「親愛なる主よ、それほど難しいことではありません。長い間私は、風景からその馬力をできるだけ奪って自分のクリオに与えても、風景を停止させることは不可能だということがわかりました。すべて私の**聖なる運転手**のおかげです!」

「私は私たちの融合ができるかぎり面白くワクワクし、逃れようもなく親密で簡単で楽しく不思議で、ワハハッと笑えるものになるように最善を尽くしておるのだ。私はもう、私たち二人を神聖で人間的なマリガトニースープ(イギリスの濃厚なカレースープ)の中に溺れさせるくらいしか、他にできることを思いつかない。私たちがいつもいっしょであることの終わりのない喜びの代価は、自由に選択された終わりのない私たちの個別性である」

「主よ、私はいやいやながらその個別性という犠牲を支払います。それでもやはり、これらの手足が目に見えてそこから突き出ている源泉として、つまり、この中心での境界がなく、時間を越えた明晰さとして、あなたと私とすべての生物は絶対的に永遠に一つで、同じで同じで同じであることを私は主張します」

「親愛なるものよ、まさにそのとおりである。一組の何でもないもの——あらゆる何でもないもの——は、即座にたった一つの何でもないものにならざるをえない。またこのたった一つの何でもないものは、瞬間的に爆発してあらゆるものにならざるをえないのだ。では、その実際的で日常的な結果のいくつかを見てみよう。それらにはどんなものがあるだろうか？」

「そうですね。この何でもないもの ―― この境界のない明晰さは ―― 確かに個人的な人間関係を変革します。この何でもないものから生きるとき、私には誰かに対立するどんなものも残されていません。どうして私は、彼や彼女のために消えることを避けられるでしょうか？　真実はと言えば、主、**あなた**の中で**あなた**として、私はその者のために自分の命、自分の存在を与えているのです。私としての私にとっては、この完全なる自己放棄はあまりに不可能でありながら、**あなた**としての私にとっては、つまり**あなた**の聖なる完璧さを手渡してくださるためにはどんなことでもする寛大な**あなた**と融合している私にとっては可能となり、自然なことにさえなるのです。**あなた**の聖なる完璧さを手渡してくださること、私がどれほどそれを必要としているか、**あなた**はご存知です！　たとえ宿泊所がどれほど汚くても、神が居住している人はいい下宿人をもっているのです」

「ここまでは非常にいい。あなたが見ている私たちの融合の状態は、実に私がそれを見ているとおりのものであり、控えめに言っても満足すべきもののように思える。私たちが分かち合い、楽しみ、幸福であるべきことは非常にたくさんあるが、あなたがそれを日々実践する上で本当に困難なことはほとんどないか、まったくない」

「そして、私を感謝で圧倒し続ける以上のことがあります。しかし……」

「何か本当の困難が残っているのかな？」

「主よ、私はそう思います。私に説明させてください。私を創造された方が私のテントで休んでいます。私たち二人――創造者と創造された者――は過去にも、今もいなければなりません。そして、二人が存在するところには、怖れと頭痛があります。私の問題は、あなたのすべてがなければ私はやっていくことができないということです。親愛なるお方よ、皮肉なことに、**あなた**のすべての輝きで、そして**あなた自身**と私と残りの者たちの起源としての威厳と神秘で盛装している**あなた**を私は必要としているのに、まさにこういった栄光こそが私たちを別れさせてしまうのです。言語を絶した神聖なことを言ってしまったら、後に何が残るでしょうか？　**あなた**がもっていると私が主張するまさにその属性こそが、私が**あなた**をもてないことを確実にするのです！」

「あなたは**私**の自己生成と世界生成の共有不可能な技は、私たちが分かち合ったすべてをはるかに遠く越えていると、**私**にそう言っているのかな？」

「まさにそのとおりです、主よ」

「では、ここにあなたを驚かせることがある。私はその非常に特別な技をあなたと共有することができ、する用意があり、ぜひしたいと思っている。事実は、私はそれをすでにやっているのだが、あなたが気づかないだけなのだ」

「最愛の方よ、私には想像もできません……」

「もちろん、あなたには想像できないことだ。だから想像しようとしないように。今度は私が説明する番のようだ。そもそもあなたは何かがあることにまったく驚いていると言っている。さらにあなたは、**私**が何の助けもなく、何の理由もなく、長く暗い宇宙の忘却からポンと飛び出るという**私**の『不可能な』離れ技の不思議さに圧倒され感嘆している。では、よく**私**の言うことを聴きなさい！　あなたとしてのあなたが、すべての驚きを終わらせるこの**驚き**を自分もできるなどとは、冗談にも思ってはいけない。それができるのは**私だけ**である。そして、**私**があなたであるゆえにあなただけのものでもある」

「ああ、主よ、もちろんです。どうしてそれ自身ではあまりにも人間的な人間が、この聖なる不思議——もし私がそう呼んでよければ——をおこなうことができるでしょうか？　**あなた**の第一の自己創造には何の問題もありません。私たちを遠く別れさせるのは、実際あなただけに属している**あなた**のいわば二次的な宇宙創造です」

「あなたは何とナンセンスなことを言っているのか！　あなたが**私**にあなたの手を与えるとき、その手は物事の形と感触を感じるという技を必ずもっているように、私があなたに私の**目**を与えるときも、その目は物事を創造し破壊し再創造するという技を必ずもっている。だから、バカなことを言ってはいけないよ！」

「ああ、主よ！」

「神にかけて、自分が見ることによって、私が全力であなたに示していることによって判断しなさい。**単眼**を閉じて、世界を閉じなさい。**単眼**を開けて、世界をもう一度開きなさい」

「**ああ、主よ、もちろんです、百万回ももちろんです**！　私の根深い鈍感さをお許しください！　私が特に不鮮明にし、台無しにしてしまうのは、**あなた**が特別に明白にしてくださる物事です。**あなた**の助けなくしては不可能です」

「私が思うには、それはあなたが**私**を味わう楽しいやり方である。ある種の恋愛ゲームと言うか」

「親愛なるお方よ、恋愛ゲームと言えば、私にとっては**とてつもなく**重要な、深遠なほど重要な類のものがあります。『高みにいる最も聖なるものを賞賛せよ。そして、深みで賞賛を生きよ』と主よ、ジョン・ヘンリー・ニューマン（イングランドの神学者。一八〇一〜一八九〇）は言っています。私たちの共有の**目**は、その共有のパワーとともに私たちの不変の融合の最も喜びに満ちた、そして（ようやくついに）最も明白な証明であり、実演であり表現なのです。しかし私が、私たちの融合をそれほど強く感じるのは、その深遠においてであり……」

「そう、私にはわかっているが、それでも話してみなさい」

「長年、私は時々自分自身に、『救われるためには、神であることだ』という私自身の秘密のマントラを繰り返しながら、実に深く息を吐き出す習慣があります。私の全身が足の爪の先まで息を吐き出すように感じられ、自分を外に吐き出して、**あなた**を中に吸い込むのです。**あなた**の巨大さにどっかり寄りかかり、その中に倒れこみ、そして**あなた**と完全に融合しているという強力な感覚は、私が知る最も深い肉体的安らぎをもたらしてくれます。今言いましたように、それはまるで、このように深く息を吐き出すときには**あなたを吸い込み**、そして再び吸い込むときは、**あなたが私を吸い込んでくれる**のです。それはまた、まるで死の海で溺れる私を救ってくださった**あなた**が、私に**命のキス**を与えてくださるようなものです」

「それは何というお互いの喜びであろうか！　そして私は、私たちの融合に関する今日の会話を終えるのに、これ以上喜ばしく、真実の調べを思いつくことができない」

**私を創造された方が私のテントの中で休んでいて、一晩中、ただ一つの呼吸の音だけがあった。**

注1　これはエックハルトからの引用（Walshe版『エックハルト』の「説教と説話」、Watkins and Element Books II P.13）であり、彼はそれを『伝道の書』（Ecclesiasticus）から引用している。

注2　数年前、私はこの文章をエックハルトのものとして記録した。しかし、私はそれをWalshe版の3巻のエックハルトの英語版の中にも、Walsheが参考としているMiss Evans版の2巻の翻訳の中にも見つけることができない。事実、それはエックハルトのものではほとんどないと思う。私は自分がそれをどこから取ってきたのかまったく見当がつかない——その後に続く対話の中で私に話しかけている一なるお方以外に。いずれにせよ、神秘学の文献の研究家としての私のショックな不手際のおかげで、彼の親切な計画、つまり「私のテントの中で休む」という彼の意図が今ここで直接私に明らかになったのである。

# 第24章　それが答えだ

なぜ「存在し、**そして**存在しない」が、人生が提示する終わりなき問題への答えなのだろうか？

これまでの自由な探求の中で、私たちは次のような考え方に触れてきた。

1、私たちの探求は、与えられるままの基本的事実を尊重し、明白にそうであるものに照らして、理解し生きることを私に要求している。外を見れば、私は自分が存在していることを見、内を見れば、自分が存在していないことを見る。

2、私には両方が必要である。私は存在と、存在からの解放を必要としている。存在していないことは、存在することや生存の苦痛を克服し、その一方で存在は、存在していないことや消滅の苦痛を克服する。それらはいっしょになって仕事をうまくやっている。それは、自分のケーキをもって、かつ食べるようなものである（訳注：ケーキは食べればなくなる＝よいことは両立しないという慣用的表現の引用）。あるいは、両方の世界を最大に活用することである。もしできるなら、それをやるのはよいことである。

3、存在と非存在は対立したり、争ったりしてはいない。それらは、全体の分離できない半分同士としてうまく適合している。それらは、私の人生のあらゆる変わりゆく状況の中で、ぴったりといっしょにやって来る――もし私がそうすることを許せば。そして、それらの融合は、たまたま私の問題が正しく処理されるのに必要なものとなる。

4、一つの例を挙げてみよう。私は自分の中に二つの強力な、しかし見たところ両立不可能な衝動を発見する。私は勝ちたい、一番になりたい、非常に特別で実にユニークでありたい。そして同時に、私はそういったわずらわしいことからすべて解放され、風のように自由で無罪放免されたい。さて、これらの反対の力を無理やり煽動《せんどう》して自分自身を引き裂く代わりに、私はこれらの反対の力がそれらの本当の仕事をするようにしてやるのである。つまり、私を統合するという本当の仕事をさせてやるのだ。

5、そしてもう一つの例を挙げよう。愛は人生が提供する最も素晴らしい贈りものだが、最も問題を背負っているものの一つでもある。存在と非存在の完全なる融合は同時に愛の基盤であり原動力だ。だから、愛することは愛する者のために消えることである。目に見えて消え、相手の邪魔をしないことだ。最初にヴィジョンがあり、感情は必要なときに必要に応じてついて来るものである。

では、あなたに引き渡すことにしよう！

これらのどれも信じるためのものではなく、すべて日常生活でテストするためのものである。私はあなたに、私が**今いるところ**がどのようなものかをお話した。あなたが**今いるところ**もこれと同じようではないだろうか？

# 訳者あとがき

ダグラス・ハーディングの教えと本との出会いは、一九八〇年代の後半にまでさかのぼる。『マインズ・アイ』(D・R・ホフスタッター著、D・C・デネット編著　TBSブリタニカ発行)という本に掲載されていた彼の文章に非常に強い印象を受け、ハーディングなる人物がどういう人で、どんな本を書いているのかに私は興味をもったのだ。当時はまだインターネットもない時代で、本や著者の情報を得るのに苦労したが、何とか彼の本を手に入れ、彼が一九〇九年生まれのイギリスの哲学者であることを突きとめた。

彼の本をじっくりと読み始め、自分で実験をやってみて、すぐに「私の透明なる本質」を見ることができ、また彼が言わんとしたことの要点を少なくとも知的には理解することができた。何よりも、長年私を悩ませ続けた「般若心経」が語る言葉がようやく意味を為すようになり、喜びを感じたものだ。

しかし、その一方で、ハーディングの教えや本に最初に接するほとんどの人が思うように、彼の言っていることがあまりにシンプルすぎて、「いやいや、指さし一つで、自分の本質を見ることができるなんてありえないことではないか？　もしこれが真実なら、悟りと称するものを達成するために、厳しい修行をしている人たちは一体何をやっているのか？」という疑問が浮かび、それ以外にも様々な疑問が湧き起こり続けた。さらには自分の本質を見ても、人間としての自分が別段変化したとも思えず、むしろだんだん自分がひどくなるような感じさえする時期もあった。たった一つ、実験をやって最初に明確に感じた変化と言えば、世界がより美しく、人の顔もより美しく見えるようになったことだった。

様々な疑問が湧き起こったにもかかわらず、何事においてもシンプルなことが好きな私は、ハーディングの実験のシンプルさと手軽さに魅了され、またハーディングがいつも警告するように、「他人の言葉を信じないで自分で実証する」というスタイルに非常に共感した。だから私は、「信じないように努力し」、感じた疑問を一つひとつそれが解消するまで保存しながら、地道に実験を続けることにした。スピリチュアルなワークとしては、それまで読書以外にほとんど何も自分には向かなかったが、その点、ハーディングが開発したワーク（実験）は、いつでもどこでもでき、お金がかからず、時間もほとんど必要なく、先生も必要なく、私にまさにピッタリだった。結局私が怠け者であることが功を奏して、続けることができたのかもしれない。

今にして思えば、「自分がひどくなるような感じ」とはエゴ的な観点からの解釈であり、本当は自分の中に隠れていたエゴの様々な残存のようなものが明らかになったという恩寵だったのだ。なぜ恩寵かというと、エゴ的なものが明らかになり、それが自分の中心に所属しているものではなく、向こうにあることを見るとき、エゴ的なものとあえて戦う必要もなくなり、ハーディングがいうところの「鏡の中の人」の不完全さ、利己主義をありのままに受容することができるからだ。そのとき現象世界という鏡の中の人々や物事のことも、しだいにありのままに受容することができるようになるのである。

そして九〇年代に半ばに、偶然にも私は彼がまだ生きていて、しかもヨーロッパやアメリカでワークショップをやっていることを知り(私は彼の年齢から判断して、すでに亡くなっているとずっと思い込んでいた)、彼に会いにヨーロッパに出かけてワークショップに参加した。九〇年代はまだ参加者も少なかったので、親しくお話する機会にも恵まれ、そういったご縁をいただいたことも、私の探求を後押ししてくれるのに非常に役立ったと思っている。

また九〇年代は、ハーディングのワークショップに参加したり、彼を日本に招待するかたわら、仕事の関係もあって、チャネリング系の本から、非二元系、その他ありとあらゆる種類のスピリチュアル系、そして科学系の本を読んで、「究極の真実とは何か」を、あらゆる角度から考えた時期でもあった。同時にハーディングの実験も続け、彼が語ることの意味も探求し続け、あるときから、彼の教えは宗教やスピリチュアルよりもむしろ現代科学の発見によって実証されうるという確信を得るようになり、そうなると、見ることへの信頼も育っていった。現代科学が私たちの本質を探究するのにどう役立っているのかについては、本書でも詳しく触れられている。彼の教えと実験のおかげで私の中で宗教と科学が最高の「結婚」をし、その幸福な結婚は現在もずっと続いている。

さて、本書について少し語ると、本書は彼の晩年（九十三歳）の作品で、基本的には他の本と同様に、読者が本書を読みながら、言葉による説明・図解・実験の三位一体によって、その場で「自分の本質を見る」ことができるように工夫されている。他の本との違いは、私が感じるに、キリスト教徒としてのダグラス・ハーディングの面が強く出ているところで、生涯彼が恋をした神へのラブレター、ないし神との往復恋愛書簡という体裁となっている。私は、彼ほどのGod-freak（神狂い）な人に出会ったことがない。本書で、彼は言い古されているキリスト教の教義に新鮮な解釈と見方を与え、神への情熱を読者と分かち合い、読者が今ここで「神なる私の本質」を認識できるように最大の配慮をしている。

それでもキリスト教の教義に親しんでいない人たちにとっては、彼が提出している疑問や説明がおそらくわかりにくいかもしれないと予想する。神についての重厚で文学的でかつユーモアあふれる彼の表現をどう翻訳するかが、本書に関しては最大の難関であった。（ない）頭を限界までひねって、日本の読者の皆様にハーディングらしさと彼の意図が伝わる表現を可能なかぎり模索したが、うまくいったかどうかは、正直なところ心もとない部分もある。
そういった翻訳の壁を越えて、「できるだけ多くの人たちと、今ここで、神なる私の本質を認識することを分かち合う」という彼の情熱と献身が伝わり、「今ここで私は本当に本当に何なのか」を、読者の皆様一人ひとりが自分で見てくださることを希望している。

本書を翻訳するにあたり、キャサリン・ハーディング（Catherine Harding）、リチャード・ラング（Richard Lang）、メアリー・ブライト（Mary Blight）の各氏から多大な援助と励ましをいただきました。また編集をご担当してくださった川満秀成氏とナチュラルスピリット社の今井博央希社長には大変にお世話になりました。心からお礼を申し上げます。
そして最後の最後に、この十数年間、実験の会に参加し、「私の本質」を分かち合ってくださった皆様に愛と感謝を捧げます。

二〇一六年五月二十五日

髙木悠鼓

著者

ダグラス・E・ハーディング（Douglas E.Harding）

1909年にイギリスに生まれ、厳格なキリスト教原理主義の家庭に育ったが、21歳のときに独自に人生を探求するために、自分の宗教と決別した。30年代、ロンドンで建築の仕事をしていたとき、自分とは本当は何なのかに興味をもった。そして30代の前半、仕事でインドに滞在していたとき、自分の本質に覚醒する。以後建築の仕事を続けながら、人間の本質と宇宙の構造について研究を続け、53年にその研究をまとめた *"The Hierarchy of Heaven and Earth"*（天と地の階層）を出版した。その後、一般向けに書いた『心眼を得る』（図書出版・絶版）は欧米でロング・セラーとなっている。建築家を引退後は、著作活動をしながら世界中に招かれワークショップをおこなう。90代になっても、「私とは本当は何か」を多くの人たちと分かち合うことに献身し、2007年に97歳の生涯を終えた。著書に『今ここに、死と不死を見る』（マホロバアート）、『顔があるもの　顔がないもの』（マホロバアート・絶版）、他多数。

http://www.headless.org/（「頭がない方法」英語サイト）

http://www.ne.jp/asahi/headless/joy/（「頭がない方法」日本語サイト）

http://archives.mag2.com/0001049042/（日本語メールマガジン）

http://www.youtube.com/user/FacelessJapanFilms（日本語字幕付き動画）

訳者

髙木悠鼓（たかき ゆうこ）

1953年生まれ。大学卒業後、教育関係の仕事・出版業をへて、現在は、翻訳・作家・シンプル道コンサルティング業を営みながら、「私とは本当に何かを見る」会などを主宰する。著書に、『人をめぐる冒険』、『楽しいお金』、『楽しいお金３』、『動物園から神の王国へ』、訳書に、『誰がかまうもんか？！』（ラメッシ・バルセカール）、『意識は語る』（ラメッシ・バルセカール）、『顔があるもの顔がないもの』（ダグラス・E・ハーディング）、『今ここに、死と不死を見る』（ダグラス・E・ハーディング）、『あなたの世界の終り』（アジャシャンティ）、『何でもないものがあらゆるものである』（トニー・パーソンズ）などがある。

http://www.simple-dou.com/ シンプル堂サイト

http://simple-dou.asablo.jp/blog（個人ブログ「シンプル道の日々」）

# 存在し、存在しない、それが答えだ

To Be and not to be, that is the answer

●

2016年10月23日　初版発行

著者／ダグラス・E・ハーディング

訳者／髙木悠鼓

編集・DTP／川満秀成

発行者／今井博央希

発行所／株式会社ナチュラルスピリット

〒107-0062　東京都港区南青山5-1-10　南青山第一マンションズ602

TEL.03-6450-5938　FAX.03-6450-5978

E-mail：info@naturalspirit.co.jp

ホームページ http://www.naturalspirit.co.jp/

印刷所／創栄図書印刷株式会社



ISBN978-4-86451-220-6 C0010

●新しい時代の意識をひらく、ナチュラルスピリットの本

## プレゼンス 第1巻／第2巻
ルパート・スパイラ 著
［第1巻］溝口あゆか 監修／みずさわすい 訳
［第2巻］高橋たまみ 訳

ダイレクトパスのティーチャーによる、深遠なる深究の書。今、最も重要な「プレゼンス」（今ここにあること）についての決定版。
定価 本体［第1巻二一〇〇円／第2巻二二〇〇円］＋税

## 何でもないものがあらゆるものである
トニー・パーソンズ 著
髙木悠鼓 訳

ノンデュアリティの大御所、遂に登場！ この本はかなり劇薬になりえます！ 探求者はいなかった。悟るべき自己はいなかった。存在だけがある。生の感覚だけがある。
定価 本体一六〇〇円＋税

## ダイレクト パス
グレッグ・グッド 著
古閑博丈 訳

ダイレクトパスによって、世界、身体、心、観照意識、非二元の認識を徹底的に実験する！ 論理的でわかりやすく書かれた「非二元」の本！
定価 本体二六〇〇円＋税

## 今、永遠であること
フランシス・ルシール 著
わたなべ ゆみこ 訳

ダイレクト・パスの第一人者が、ノンデュアリティ（非二元）の本質について、わかりやすく、哲学的に語ります。ノンデュアリティの真の理解のために役立つ本。
定価 本体一七〇〇円＋税

## すでに目覚めている
ネイサン・ギル 著
古閑博丈 訳

フレンドリーな対話を通じて「非二元」の本質が見えてくる。非二元、ネオアドヴァイタの筆頭格のひとりネイサン・ギルによる対話集。
定価 本体一九〇〇円＋税

## ホームには誰もいない
信念から明晰さへ
ヤン・ケルスショット 著
村上りえこ 訳

ノンデュアリティ（非二元）について懇切丁寧に順を追って説明している傑作の書。分離のゲームから、タントラ、死、超越体験まで網羅している。
定価 本体一八〇〇円＋税

## あなたの世界の終わり
「目覚め」とその〝あと〟のプロセス
アジャシャンティ 著
髙木悠鼓 訳

25歳で「目覚め」の体験をし、32歳で悟った著者が、「目覚め」後のさまざまな、誤解、落とし穴、間違った思い込みについて説く！
定価 本体一九〇〇円＋税

お近くの書店、インターネット書店、および小社でお求めになれます。